# 写给孩子的汉字故事

# 1

张卉妍 / 著

江西美術出版社
全国百佳出版单位

**图书在版编目（CIP）数据**

写给孩子的汉字故事 / 张卉妍著 . -- 南昌 : 江西美术出版社 , 2022.10

ISBN 978-7-5480-8714-4

I. ①写… II. ①张… III. ①汉字—儿童读物 IV. ①H12-49

中国版本图书馆 CIP 数据核字 (2022) 第 125867 号

出品人：刘　芳
企　　划：北京江美长风文化传播有限公司
责任编辑：楚天顺　朱鲁巍　　策划编辑：朱鲁巍
责任印制：谭　勋　　封面设计：韩　立　　插图绘制：王　坡

**写给孩子的汉字故事 1**

XIE GEI HAIZI DE HANZI GUSHI 1

张卉妍 著

出　　版：江西美术出版社
地　　址：江西省南昌市子安路 66 号
网　　址：www.jxfinearts.com
电子信箱：jxms163@163.com
电　　话：010-82093785　0791-86566274
发　　行：010-58815874
邮　　编：330025
经　　销：全国新华书店
印　　刷：河北松源印刷有限公司
版　　次：2022 年 10 月第 1 版
印　　次：2022 年 10 月第 1 次印刷
开　　本：880mm × 1230mm　1/32
总 印 张：20
ISBN 978-7-5480-8714-4
定　　价：148.00 元（全 4 册）

# 前言

汉字，又称中国字、方块字、中文，是汉字文化圈广泛使用的一种文字，也是目前世界上唯一仍被广泛使用的高度发展的语素文字。汉字为上古时代的华夏族人所发明并做改进，目前最早的汉字为商朝的甲骨文，可追溯至约公元前1300年。广义的汉字，指从甲骨文、金文、大篆、小篆，至隶书、草书、楷书、行书等的文字；狭义的汉字，指以正楷作为标准写法的汉字，也是今日普遍使用的现代汉字。

汉字作为中华文明的象征，作为中华民族的语言交流工具，再现了人类语言中富有魅力的古典情怀。无论是结构的匀称规则，还是形象的简约奇特，抑或是读音的平仄起伏，还是字义的丰富深奥，是世界上其他任何文字都无法比拟的。

在漫漫历史长河中，汉字以它独有的艺术魅力得到了人们的喜爱。在使用汉字的过程中，人们深刻挖掘它的美感和深厚的文化内涵，进而使其形成了一种中国独有的充满智慧的表达方式。

为了便于读者更好地阅读，书中的内容包括：

**缘起与变迁**。从仓颉造字的古老传说到 100 多年前甲骨文的发现，从汉字的形体演变到汉字的构造方法，讲述汉字的前生今世。

**构造与间架**。汉字之美，美在形体。不同的汉字，却有相同的部首偏旁；有相同部首偏旁的汉字，却又有不同的间架结构。在相同和不同之间，体悟汉字的形神兼备。

**谐音撷趣**。汉字之奇，奇在音韵的相同与相似。善于

运用谐音，不仅可以增加文章的幽默感，还可以增加文章的活泼性。可以说，谐音运用是汉字独有的一大特色。

**辨字析词**。对一些相似字、词进行了考据与辨析，讲述了它们的由来与演变，以及与之相关的掌故趣事，力求给读者以启示。

**汉字典故**。每一个汉字在应用中都有一个典故，通过阅读这些典故，体味历史人物的悲喜忧欢。

**炼字之妙**。古往今来，文人墨客为我们留下了许多炼字佳话，他们对语言的执着追求让人感动。

**字谜艺术**。字谜是汉字的艺术，有的用汉字的笔画或偏旁做巧妙的提示，有的根据汉字的形态做奇思妙想，有的根据汉字的表面意义做另类的引申或联想，还有的通过笔画的增减做文章，无不结构精巧，寓意深远，将汉字的巧妙体现得淋漓尽致。

**毫厘之差谬千里**。在汉字的应用过程中，常常会“失之毫厘，谬之千里”。通过本章，既可以得到一些有益的警示，又可以了解很多历史知识。

**标点史话**。标点是表情达意的文字音符。本章通俗易懂，风趣幽默，值得读者用心揣摩，仔细研究。

**成语故事**。成语是汉语重要的组成部分，它们或源于神话传说，或出自古代寓言，或来自历史典籍，无不妙趣横生，趣味实用，堪称历史的缩影、汉字的精华。

**俗语故事**。俗语反映了人民的生活经验和愿望，既有趣，又富有深刻的哲理。

**汉字应用趣话**。一笔一画一世界，方块之间乾坤大。本章从汉字丛林中撷取一花一草，让你体悟汉字应用的神奇与奥妙，感悟汉字魔方的灵动。

汉文化博大精深，汉字是理解汉文化的“密码”。本套书避免了学术性的枯燥乏味，用一则则故事连缀起一个个知识点，用一句句趣话解释一个个问题。本套书以故事为线索，充分挖掘汉字所蕴含的文化信息，将读者引入一个由汉字所带来的既美丽动人又发人深省的五彩世界。一个个妙趣横生的故事、一则则神奇生动的传说，孩子不仅可以从中了解丰富的汉字知识和中国传统文化，还能领略汉字的伟大与奇妙。

# 目录

第一章

## 缘起与变迁
### ——讲述汉字的前生今世

第二章

## 构造与间架
## ——感受汉字的形体之美

第三章

## 谐音撷趣
## ——认识汉字的音韵之美

第一章

# 缘起与变迁

## ——讲述汉字的前生今世

# 仓颉造字的传说

提到汉字的起源，首先不得不说的是仓颉（jié）造字的传说。相传，古时候在我国陕西关中有个叫仓颉的人，他生有四只眼睛，披着长发，留着长须，身穿兽皮，手里经常拿着一支土笔。他的头形很奇特，头顶高高地隆起，像个畸形的头陀，显得特别聪颖过人。

仓颉经常骑着毛驴，跋山涉水，跨州过郡，去了解各地的风俗习惯，收集民间流行的语言符号。他把收集的资料写在芦苇叶上，装在口袋里，让毛驴驮着。后来，毛驴走到今陕西省岐山县就累死了。

没有毛驴不能再行走了，因此仓颉带着这批资料在岐山县住了下来。仓颉不断地观察天象，明察山水风雨演变的现象，辨识鸟兽各式各样的脚印及车辆等经过后留下的痕迹，分析各种纹理的异同，并开始创造文字。

仓颉造出文字后，感动了神灵。神灵从天上投下粮食，夜里的鬼神也惊吓得哭起来了。不久，仓颉受命担任统一文字和领导文字改革的专职官员。他又作为黄帝的史官，记载史事，掌管部族的重要档案。

## 知识漫谈

仓颉造字的传说距今已有2000多年了，而且也有文字记载，但是其可信程度却有点低。仓颉有可能是黄帝部族中极有影响的巫师之类的人物。而上古时期，巫师、史官是由一个人担任的，仓颉在这方面做出过贡献，这样容易让人们把从事搜集整理文字工作的人误以为是汉字的创造者。

# 传达生命信息的结绳

鲁迅在《门外杂谈》里讲到“字”是怎样来的：“我们那里的乡下人，碰到明天要做一件紧要事，怕会忘记时，常常说：‘裤带上打一个结。’”鲁迅的家乡是浙江绍

兴，在浙东一带。那里的人们请别人帮忙办一件事时，常说这句话，意思是请对方不要忘记。

2004年4月11日16时32分，河南新密市郑煤集团超化矿突发透水事故，矿工和技术人员共12人被困井下。经过多方紧急营救，4月16日9时30分，12人全部获救。被困的矿工最后成功获救得益于他们用矿灯绳打结向矿外传递信息。他们打了两个绳结，一个绳结完整没有破坏，表示“1”，一个绳结分成两个头，表示“2”，合起来表示他们12人还在一起。大水把矿灯绳冲出来后，救援人员看到这个打着绳结的矿灯绳，并没有简单地认为这只是一个普通的灯绳，因为矿上有一个严格的规定：任何人在井下不得破坏矿灯。救援人员认为，这根打了结的灯绳一定代表某种信息。于是，他们就朝着井下人员想要表达的意思去理解，从而加快了救援的进度。

## 知识漫谈

所谓“结绳”，是用在绳子上打结的办法帮助人们记忆，处理日常生活中的一些事务，大大小小的绳子表示不同的意思。因此，有人认为文字就是从大大小小的绳子结发展而来的。

但是，结绳和文字毕竟是两回事，它们之间并非前者演变为后者，即结绳不可能直接发展成为文字。结绳只能帮助记忆或者作为表示某种简单事务的标记，不能用来表达感情、交流思想，更不能成为记录语言的工具。因此，结绳同文字还是有根本区别的。

# 鲍超突围

据说太平天国时，清朝大臣曾国藩的部下大将鲍（bào）超被太平天国军队包围在某地，围城的太平军将领是陈玉成，外号叫“四眼狗”。

鲍超是一个大老粗，只认识自己的姓。慌乱中，他画了一张画叫人送给曾国藩。

曾国藩打开一看，只见纸中间画了一个圆圈，圈里歪歪斜斜地写了一个“鲍”字，圈外画了四条狗，每条狗画了一只眼睛。曾国藩看完以后，大吃一惊，原来他的部下鲍超被“四眼狗”陈玉成包围了，立即派兵去解围。从这个故事中，我们可以体会到文字起源于图画的道理。

## 知识漫谈

汉字是为了记录汉语而出现的文字，可以使人们在相当大的范围内传递较多的信息。接收信息的人和给予信息的人必须想到同样的内容，写实性的图画可以起到这样的作用。因此，汉字的起源和图画是密不可分的。不过从带有文字性质的图画转变为早期的象形文字还有一个漫长的过程，如果用来传递信息的图画只能识别，而无法读出声音，也就是说它还没有同语言建立对应的关系，那么这时它还只是图画。只有当它和语言结合起来，变得可识可读，并且它总体的直观性经过分析，变为一形即一词，这时我们才可以说它是文字了。

# “洛书”“河图”的传说

在汉字起源的众多说法中，“洛书”“河图”的神话传说不可忽视。相传在很久以前，大禹治水时，有条黄龙在洛水中摇动着尾巴引路，帮助大禹疏通了水道。还有一只玄黑色的大龟，背部扛着青泥，跟随在黄龙后面，遇到洼地就放下青泥垫平，又把人们居住的地方垫高。那些垫得特别高的地方就成了名山，特别低的地方就成了大川。

那只大龟背部还排列着1至9的数字序列，大禹从中悟透奥秘，制定了包括五行思想在内的《洪范九畴》，并按照这个排列的次序，划分天下为九州。因负书之龟出自洛水，故该图被称为“洛书”。

大禹在黄河边观察水情变化时，从河中出现一个白脸鱼身的人，自称是河精，捧给大禹一块光滑的石头。大禹经过仔细研究，才知是一幅河图。这幅河图提供了治水中运用的地理和水文方面的知识。

河图、洛书最有名的出处来自《易传·系（xì）辞上》中的“河出图，洛出书，圣人则之”，人们据此认为八卦就是根据这两幅图演变来的。伏羲（xī）氏也据此画出了八卦——最古老的文字符号。

## 知识漫谈

伏羲氏用八卦符号来表示世界上的客观事物，八卦的符号代表了八种自然现象。它运用的基本符号是阳爻（yáo）“—”和阴爻“--”。八卦中的“☰”代表天，称作“乾”；“☷”代表地，称作“坤”；“☳”代表雷，称作“震”；“☶”代表山，称作“艮（gèn）”；“☲”代表火，称作“离”；“☵”代表水，称作“坎”；“☱”代表泽，称作“兑”；“☴”代表风，称作“巽（xùn）”。任意两卦相组合，就可以得出八八六十四卦，从而也揭示了宇宙万物的演变。八卦符号与后来的文字有相似的地方，比如用“☵”表示水的形象和甲骨文、金文、小篆（zhuàn）里“水”的字形是相似的。

# 能吃的文字

甲骨文是3000多年前，人们在占卜和祷告时，刻在龟甲和兽骨上的符号和标记，用以记录当时发生的事，是我国现存最早的文字。说起甲骨文的发现还有一些趣闻。

相传一百多年前，河南省安阳市小屯村的一位村民患了疥疮，浑身瘙痒，久治不愈。一日，他在村头河沿耕种之时，疥疮发作，痛痒不堪，情急之下，便随手捡起一块散落的龟甲，碾碎涂抹在身上，居然奇痒即止，仔细一看，疮脓也被龟甲粉末吸干了。他随即将河边的龟甲、兽骨都捡回家，如法炮制，几次之后顽症竟然治愈了。这一奇事，一传十，十传百，人们都说这是龙骨显灵。此后，这些不起眼的龟甲、兽骨便以“龙骨”之名入药。

1899 年深秋，一位名叫王懿（yì）荣的京城官员身患疟疾，药方中需要龙骨这味中药。在验看药物的时候，他发现龙骨上有人工刻痕。在此之前，也有不少人发现龙骨上有奇特的符号，但大多未深究，而王懿荣是当时有名的金石学家，对文字颇有研究。他大量收购药铺中的龙骨，经仔细识别研究，确认这些刻痕就是商代使用的文字。由于这些文字刻于甲骨，因此被称为“甲骨文”，而王懿荣则被称为“甲骨文之父”。

## 知识漫谈

甲骨文是用金属等在龟甲、兽骨上刻写，因而线条硬直、细长、方折。甲骨文形体不定，异体字较多。如“月”可正写，也可反写，字的个体性不强。有的两三个字连在一起，成为合文。

就小屯村所发现的甲骨文来看，已达十万多片。据孙海波《甲骨文编》所载，不重复的单字有 4672 个，已考释出来的仅 900 多个。

# 饕餮的背后

据说在很久很久以前，有一对勇敢正直的龙夫妇，感情非常好。他们共生下九个儿子，这九个儿子的外貌、性格、脾气、爱好各不相同。其中第七个儿子叫饕（tāo）餮（tiè），它没有身体，只有一个大头和一个大嘴，十分贪吃，见到什么吃什么，由于吃得太多，最后被撑死，因此它是贪欲的象征。

商周时期，青铜器已经被大量使用。人们将这个有头无身的贪食怪兽的形象铸在青铜器上，不管是斟酒还是盛饭的器物上都装饰着它

的形象。这种青铜器上的花纹，就叫饕餮纹，亦称兽面纹，是西周早期的钟鼎彝（yí）器的常见饰纹。除了饕餮纹以外，还有夔（kuí）纹、雷纹、云纹、风纹、蜂纹等。这些铭文的笔画深沉、浑厚、圆润、饱满，对汉字的完善和改革奠定了基础。

## 知识漫谈

金文是始于商代末期、盛行于西周的一种字体。这种文字被铸刻在青铜器上，古代称铜为金，所以被称为金文。金文以刻铸在钟和鼎上的居多，故又被称为钟鼎文。在钟鼎上刻镂，称为铭，所以金文又叫铭文。

金文是由甲骨文演变来的，与甲骨文十分相近。

商周金文的主要内容是关于吉祥、勉励和庆功的话。据容庚《金文编》统计，至 1957 年，不重复的金文共 3000 多个，能识别的还不到 2000 个，研究者面临的任务依然十分艰巨。

# 章友直的篆技

篆书讲究横平竖直，多半为圆或圆形的笔画，需有善于画圆的功夫。北宋书法家章友直擅长写篆书，当时无人能及。

有一次，章友直被召到京师。听说章友直来了，几位翰林院的篆字待诏（官名）去见他。这些篆字待诏都是术业有专攻，虽早已听说章友直的大名，可耳闻为虚，还是不太相信。这些篆字待诏见到章友直时，说：“我们很早就听说了您的绝妙技艺，愿意当面领教领教您的笔法。”章友直让人用数张小纸粘成两张大纸，他提起笔饱蘸（zhàn）墨汁，在一张大纸上纵横各画十九画，成为一张围棋盘；在另一张纸上画了十个圆圈，成为一个箭靶。那笔道的粗细

疏密全都一样，不差毫发。几位篆字待诏一看，心悦诚服，惊叹不已。

## 知识漫谈

篆书是大篆与小篆的合称。大篆通常以籀（zhòu）文、石鼓文和秦公钟等为代表。狭义的大篆指籀文，一般认为它是秦统一六国以前的文字。大篆较之金文，只是做了某些省减或改变，笔画更加线条化，字形更加匀称。

秦始皇灭六国后，为统一文字，采取了“书同文”的措施，改大篆为小篆。小篆与以前的字体相比，具有如下特点：线条圆匀，笔画粗细大体一致；字体结构趋于定型，大大减少了异体字；文字的图画意味减弱，字呈长方形，奠定了方块字的基础。

# 程邈献字赎罪

程邈（miǎo）是秦朝的一个小官，曾当过县狱吏，负责文书一类的差事。因他性格耿直，得罪了秦始皇，被关进了云阳大牢。他在牢中度日如年，心想，何不干出一番事业来，以求赦免罪过。

当时正值秦始皇推行“书同文”的政策，以小篆为全国统一的文字。其时政务多端，文书日繁，用小篆写公文固然比以前方便很多，但是小篆不便于速写，费时费事，影响工作速度和效率。程邈以前身为狱吏，深知小篆难以适应公务，若能创造出一种容易辨认又书写快速的新书体，不是更好吗？于是，他在大牢中一心钻研字体结构，做起文字学问来。

程邈把流传在民间的各种书体搜集在一起，潜心研究，一个一个加以改进，把大、小篆的圆转改变为方折，同时删繁就简，去粗取精，经过加工整理，十年后，终于创造出书写便利又易于辨认的3000个隶字来。他把这一成果呈献给秦始皇。秦始皇看了程邈整理的文字，非常高兴，不仅免了程邈的罪，还让他出来做官，提升他为御史。由于开始程邈的官职很小，属于“隶”，所以人们就把他编纂整理的文字叫隶书。

## 知识漫谈

隶书简易，优于篆书。它实现了汉字笔画化，即把小篆不规则的圆转弧形的线条变成了平直方折的笔画；摆脱了汉字象形的特点，使汉字成为符号化的方块字，奠定了近两千年来当今文字的基本形体；删除烦冗，使笔画进一步简化，有助于辨识和书写。

隶书的产生结束了古文字阶段，是汉字发展史上的一次重大改革，具有划时代的意义。

# 王次仲发明楷书

秦代上郡（今陕西省榆林市）人王次仲，从小倾心于认字。秦始皇统一天下后，发现了王次仲改造的简易实用的楷书，认为王次仲是个奇才，想召见他。可是召见了三次，却不见王次仲前来。

原来王次仲有自己的打算，他日夜不停地研究汉字和数术，专心致志，根本没有考虑秦始皇的召见。秦始皇却对此大怒，认为王次仲对自己大不恭，就下令用囚车把他押到京城咸阳。

在押送的路上，王次仲的头颅突然滚落在地，变成了一只大鸟，振动着翅膀直往远处高飞而去。而飞往远处时，两只翅膀掉落在一座山上，因此这座山的两个山峰就被后人叫作大翅峰和小翅峰。押送王次仲的官吏把掉下的两只翅膀进献给了秦始皇。

虽然这个神话传说非常离奇，但有一点可以肯定，王次仲是始作楷书的人，并且为变隶书为楷书做出过一定的贡献。

## 知识漫谈

楷书由隶书发展而来，始于汉末，盛行于魏晋时期，三国魏时的钟繇（yóu）和晋代的王羲之就是早期楷书著名的书法家。

楷书与汉隶的基本结构相同，但在形体和笔画方面存在着区别：

隶书成“八”字扁方形，楷书成“永”字长方形；

隶书笔画有波势，楷书笔画平稳、尖细；楷书字体更趋于简便、固定、明确，易认、易写。

基于上述特点，故而楷书成为官定字体，自流行以来，一直沿用至今，约有两千年的历史。

# 汤水鸡买否

相传，有个姓杨名叫永鸣的人，想吃黄杏，曾在当地四处寻找，最终也没买到，于是写信给他的岳父，请求代买。

杨永鸣自认为能写一手草书，写起信来随意着笔，字迹潦草。岳父收到信后，只见上面写的是：请代买“否”和“汤水鸡”。

老汉到处打听，没见到卖“否”和“汤水鸡”的，感到很失望。后来，他戴着老花眼镜

仔细辨认，忽然想到，可能是让他买“杏”，“汤水鸡”只不过是女婿杨永鸣的姓名。于是老汉买了几斤黄杏，又复信一封，托人带走了。复信的内容是：

贤婿来信要买杏，急得老汉满街走。

买了一筐小黄杏，不知是否不是否？

姓名变成汤水鸡，画虎不成反类狗。

## 知识漫谈

草书是创自汉初，由隶书草化、简化、连笔快书而成的字体。草书分为章草、今草和狂草三种。章草仍保留着隶书的波磔（zhé），笔画的界限比较清楚，布局也较匀称。今草是楷书的快写体，它一笔到底，字字相连。狂草兴于唐代，在今草的基础上任意增减笔画，恣意连写，没有规律。草书把方块字的结构和笔画高度简化，以达到快写的目的。草书的特点也正是它的弱点。由于草书难学难认，于是逐渐失去了其实用价值，仅仅作为汉字特有的一种书法艺术而存在。

# 王羲之换鹅

行书相传为东汉刘德升所创，流行于魏晋，是介于楷书和草书之间的一种字体。若说楷书是隶书的简化，那么行书便是楷书的简体写法。

王羲之将行书的实用性和艺术性完美地结合起来，其《兰亭序》被后人称为“天下第一行书”。

王羲之生性爱鹅。他在庐山养了许多鹅，一则喜爱鹅的高洁，二则观察鹅的神态，以便练习如何运笔转腕，这可以说是一种习字的仿生学。

相传山阴这个地方有个道士，早就想请王羲之给他写一部老子的《道德经》，但他知道王羲之绝不会轻易答应抄写。为投其所好，他就特地养了一批品种优良的鹅。一次，王羲之路过道士的道观，只见河中有一群

鹅正在悠闲地游来游去，实在让人喜爱。王羲之一见，简直入了迷，便请求道士把这群鹅卖给他。道士微笑说：“既然先生如此喜爱，我就把这群鹅送给你吧！不过，我有一个要求，就是请你替我写一卷经。”王羲之素来很珍惜自己的字，可这次并未推托，高高兴兴地写了一卷经，然后把鹅装进笼里欣然而去，竟忘记了告别主人。

王羲之为道士书写的《道德经》，后人称之为《换鹅帖》，是王羲之仅次于《兰亭序》的第二杰作。

## 知识漫谈

行书近楷而不拘，近草而不放，虽有连笔，但各自独立；比楷书书写速度快，比草书易于辨认。正因为如此，故而沿用至今，经久不衰。历来行书名家不少，而王羲之尤为书法家所称道。

# 画时圆，写时方

北宋时，王安石和好友王吉甫两人经常在一起谈诗论文，有时则巧对谜语。一天，王安石对王吉甫说："我昨夜睡不着，作了一条字谜：'画时圆，写时方，冬时短，夏时长'，你猜是什么字？"王吉甫是一位文学功底深厚的学者，一听便知谜底是一个"日"字。可他没有直接回答，而是写了一则关于"日"字的谜语去解王安石的谜底："东海有一鱼，无头又无尾，更除脊梁骨，便是这个谜。"王安石听了，哈哈大笑说："你猜中了。"原来他们的谜底都是"日"。

"画时圆，写时方"的"日"从最早的甲骨文到楷书均为象形字，像太阳之形。无论哪种字体的"日"字中均有一短横，学者认为这一短横指太阳发光的黑子。从"日"字的构形，我们发现古人对太阳的观察十分细致，研究颇深。

## 知识漫谈

象形字是汉字造字的基础。象形字就是画物像它的形状，以此形状表达该物的含义。例如，“乌”与“鸟”字相比，正好切去鸟头上表示眼睛的一短横。画鸟不点睛，这是为什么？因为古人在造字时，对于象形字，需要抓住形象的特征。乌通体黑色（颈下有一些白羽毛的，古人称鸦），乌的黑眼睛因和羽毛的颜色相同，看上去就不分明了。所以，“鸟”字点睛，“乌”字则不见其睛。

# 众才女尽欢结酒令

有些事物难于描摹，有些抽象概念不能描摹。于是古人就创造了一种用“指事”的符号或在象形字的基础上加“指事”符号表示字义的方法。李汝珍《镜花缘》第九十三回“众才女尽欢结酒令”中谈到有关于古人造字的象形、指事方法：

春辉道：我说一个甘字，好像木匠用的刨子。

施艳春道：我说一个且字，像个神主牌。

褚（chǔ）月芳道：我说一个非字，好像篦（bì）子。

女武儿道：我说母字，好像书吏帽子。

书香道：我说山字，像个笔架。

秀英道：我说酉（yǒu）字，像个风箱。

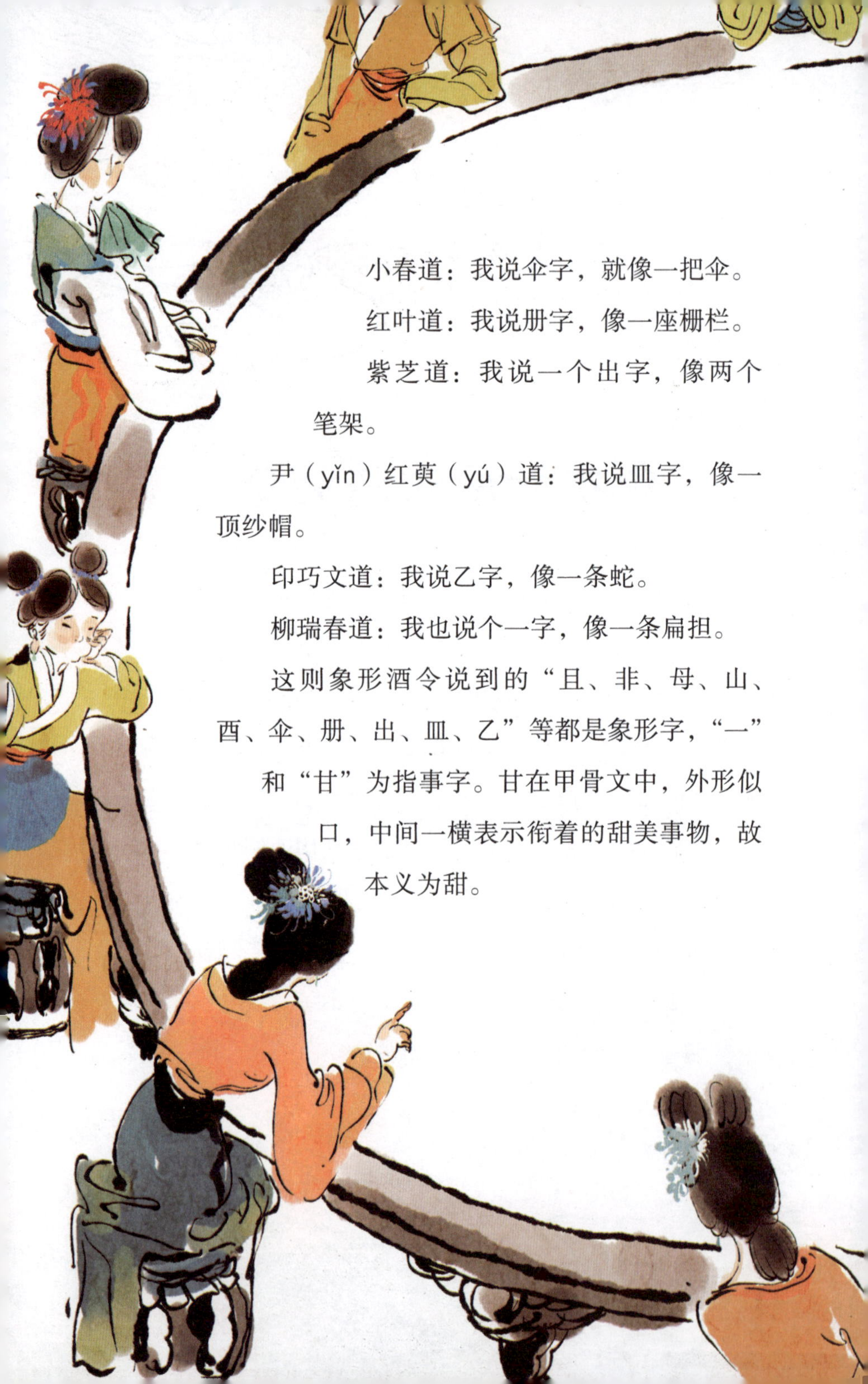

小春道：我说伞字，就像一把伞。

红叶道：我说册字，像一座栅栏。

紫芝道：我说一个出字，像两个笔架。

尹（yǐn）红萸（yú）道：我说皿字，像一顶纱帽。

印巧文道：我说乙字，像一条蛇。

柳瑞春道：我也说个一字，像一条扁担。

这则象形酒令说到的“且、非、母、山、酉、伞、册、出、皿、乙”等都是象形字，“一”和“甘”为指事字。甘在甲骨文中，外形似口，中间一横表示衔着的甜美事物，故本义为甜。

## 知识漫谈

指事离不开象形，像“一”“二”“三”和“上”“下”等。有些指事字是象形字加象征性符号。例如，表示刀锋的“刃”等。

指事字和象形字不同。象形字是一个独体实物的形象；指事字是在独体实物形象（象形字）上加指事符号，或者纯粹的抽象符号。象形字的特点是“指点”，表意没有象形字那么明显，一般可以单独画出来的；指事字所表示的东西是抽象的，或者虽不抽象，却是局部的，不便单独表示出来的。用简单的符号表示抽象的、复杂的、不能象形的意义，终究是比较困难的。

# 院中的树该砍吗

从前，有一户人家，院中种了一棵桂花树。每当桂花盛开之时，香气四溢，沁人心脾。一天，儿子放学回家后，看到父亲正挥动斧头，准备将桂花树砍倒。儿子大惊，急忙上前制止，问父亲为何砍树？

父亲放下手中的斧子，叹息道：“这院子四四方方的，中间长着这么一棵树，看上去好像一个‘困’字，我怕不吉利，所以准备将它砍掉。”

听了父亲的话，儿子笑道：“父亲，照您的说法，如果您将这棵桂花树砍掉，此院中就只有人了，那不成了一个囚犯的‘囚’字，岂不是更不吉利吗？”

儿子的回答，驱散了父亲心头的疑云。父亲一边收斧子，一边对儿子说：“你讲得有道理，任何事都要靠人去做，与字有什么关系呢？”随后，父子二人高高兴兴地回屋去了。

## 知识漫谈

会意是指会合两个或两个以上的独体字以表示一种新的含义的造字方法。以前面的故事为例，从“困”字可知种植在庭院中的树木，由于受到空间和范围的限制，不能自由生长，因而会意为“围困”“受困”中的“困”字。而“囚”字则是由人在围墙中引申出来的。

# 竹竿打狗

王安石是唐宋散文八大家之一。一天，苏轼来看望他，他拿出自己新著的一部《字说》，向苏轼请教。苏轼翻了几页，就看出毛病了。王安石的书上解释“笃（dǔ）”字说：“笃”就是用竹竿赶马的意思。苏轼不禁发笑，于是就用开玩笑的口吻说：“照你这样解释，那么‘笑’，就是用竹竿打犬的意思了。”王安石知道自己错了，于是问道：“那么‘鸠（jiū）’字是‘九’‘鸟’的会意，有没有根据呢？”苏轼故意说：“有啊，《诗经》上说‘鸤（shī）鸠在桑，其子七兮’，加上它们的爹娘，不正好是九鸟吗？”苏轼说完后哈哈大笑。过了好久，王安石才知道苏轼又跟他开了个玩笑。

王安石把“竹”“马”合起来取义，苏轼为了取笑他，就用他解字的方法来解释“笑”“鸠”两字的字义。其实，“笃”“鸠”都应是形声字。

## 知识漫谈

形声，“形”即形旁，也叫形符或意符；“声”即声旁，也叫声符或音符。形声字是由“形”和“声”两部分组成的：形旁表示形声字的意义是属于哪一类的，是形声字的表意成分；声旁表示这个形声字该怎么读，是形声字的表音成分。

形声字有两大优点：第一，它有表声成分；第二，它的造字方法简单。语言里的词是“声音意义”的结合体，选择一个同音或近音字做声旁，再配上一个合适的形旁，就可以造出一个新字来，这种方法是很简便的。

# 老考童生

相传，在清朝晚期，有一个童生虽有才华，但因家境贫困，无钱打通关系，年近不惑，仍然没有考中秀才，为众人所嘲笑。

这年，童生的准备尤为充分，又去应试。主考大人见他仍不死心，于是出了个上联，加以奚落：

上钩为老，下钩为考，老考童生，童生考到老。

童生觉得主考大人有失礼教，欺人太甚，当即属对，以抒怨愤：

二人成天，一人成大，天大人情，人情大如天。

在古代，“老”字与“考”字是同一个字。上联中的考、老反复交替使用，论其字形和本义，互为转注。

## 知识漫谈

许慎在《说文解字·叙》中给转注下的定义是：“建类一首，同意相授，考、老是也。”“建类一首”是说，转注出来的字和本字属于同一个部首；“同意相授”是说，转注字和本字意义相同，又可互做解释；从“考、老”的举例可见，转注字和本字声音相近。形似、义同、音近，这就是转注的条件。

# 东食西宿

相传，一个齐国人有个女儿，两户人家同时前来求婚。东家的儿子长得丑陋却很富有，西家的儿子长得俊美却很贫穷。

父母亲犹豫不决，便征询女儿的意见，让她自己决定嫁给谁。如果难于启齿，就袒露一只胳膊，让父母知道她的心思。

女儿听罢，便袒露出两只胳膊。父母亲感到十分奇怪，便询问其中缘故。女儿回答说：“我想在东家吃饭，在西家住宿。”

## 知识漫谈

“东食西宿”的“东”和“西”，都是象形字。东的本义是橐，后来假借为方位词；西的本义是鸟入巢息止，后假借为表方向的西，其本义很少为人注意。许慎给假借下的定义是：“本无其字，依声托事，令长是也。”本无其字，指某种事物已经产生，但没有字来记录它；依声托事，指用一个同声的字来代替。假借的主要条件是“依声”，就是音同或音近的字才能假借，可见假借就是同音代替，旧字翻新。

第二章

# 构造与间架

## ——感受汉字的形体之美

# 王筠巧对顽童

清代文字学家王筠（yún）为了普及文字学，让小孩也能认识中国汉字的规律，特著有《文字蒙求》一书，流传于世。

一次，王筠到郊外散步，遇见一伙顽童，顽童们

拦住他的去路。其中一个顽童提出条件："我问你几个字，猜得出便让你过去。"说罢，念道：

一点一点分一点，一点一点合一点，

一点一点留一点，一点一点少一点。

王筠不假思索地答道："这是'汾（fén）、洽、溜、沙'四个字，对吗？"顽童点头示意。

王筠笑着说："那我也回敬几句。"随即吟道：

一横一横又一横，一竖一竖又一竖，

一撇一撇又一撇，一捺一捺又一捺。

几个顽童抓耳挠腮，想了好一会儿，谁也答不出来。

王筠见状，便劝道：“还是回学堂读书去吧，别在路上玩耍了！”

后来，顽童从塾师那里得知，原来王筠所吟的是一个“森”字。

## 边读边想

顽童所念的四句，各为一字，是三点水与分、合、留、少四个单字的组合。王筠所吟的谜面不是一句一字，而是四句合为一字：一横、一竖、一撇、一捺，组成一个“木”字；由此连续反复，三木组合为“森”。谜面紧扣点、横、竖、撇四种笔画，可谓妙用笔画一例。

# 王十朋赶考

王十朋是南宋著名的政治家、诗人，还是一代名臣。相传，他曾经是个穷举人。一次，他上京都临安赶考，路过永嘉府时，因住不起客栈（zhàn），又想得个安静之处读书，便渡过瓯（ōu）江，往江心屿一个寺庙中投宿。

寺庙方丈是个势利眼，他见王十朋浑身上下透着一股穷酸气，于是爱答不理地问道：“来者何求？”王十朋连忙施礼说：“晚生乐清举子王十朋，赴京赶考，乞求借宿，请长老行个方便。”

方丈有奚落之意，便说：“平素也有些凡夫俗子，枉称举子，叨扰佛门。施主既是举子，能吟诗否？”

王十朋说：“尚可凑合。”

方丈笑说：“那么便以客官远来投宿为题，每句要同一偏旁，作一首诗来，便可借宿。”

王十朋写道：

浙海江深波浪流，慇（yīn）懃（qín）思想怨悲愁。

客官宵定寒窗宿，达道逍遥远近游。

方丈一看，虽然十分佩服，但是还想再刁难他一下，就说：“施主如能一笔写出两个字，我便答应让你寄宿。”

王十朋想，这是个势利的老和尚，应该教训教训他。他抬头见庙堂之上竖写着“天心”二字，这本是方丈的自我吹嘘，说他替天行慈悲之意。王十朋就对准“天心”二字，提笔一挥，

一笔把“天心”二字串在一起，成了“未必”。方丈见了，目瞪口呆，连忙恭请王十朋住下来。

后来，王十朋中了进士，被擢（zhuó）为状元，官至龙图阁学士。

## 妙趣横生

### ·拾得一横·

民国时期，有一位官员登台演说，将“荼（tú）毒生灵”读成了“茶毒生灵”。另有一人接着登台演讲，将“洒扫应对”念成“酒扫应对”。听众一阵哄堂大笑，会场顿时乱成一片。这人抬手示意大家安静，继续说道：“你们发笑，该不是认为我读了别字吧，其实不是这样，只是我刚才听演讲时，拾得一横，无地安放。我说‘酒扫应对’，就是把拾得的一横放至洒字中，变成了酒字，这有什么奇怪呢？”

# 细雨洒轻舟

一年清明，晚唐诗人皮日休和陆龟蒙相邀漫步郊游，最后在村头临江小酒店落座。皮日休见细雨霏（fēi）霏，他临风一爵（lèi），指着江中的小舟，随口吟出一首五绝：

细雨洒轻舟，一点落舟前，

一点落舟中，一点落舟后。

皮日休吟罢，便让陆龟蒙猜出一个汉字。

自幼享有盛才之誉的陆龟蒙顿时领会，但并未直言作答，而是笑着说："请仁兄也听我赋一联句：

月伴三里如弯镰，浪花点点过船舷。

皮日休一听，连连点头拊（fǔ）掌，当即奉菜，敬其一杯。两人都喝了个酩（mǐng）酊（dǐng）大醉，才回到城里。

## 边读边想

皮日休五绝首句中的“轻舟”形似“乚”，三点洒在“乚”的前、中、后，构成一个“心”字。陆龟蒙上联中的弯镰形似“乚”；下联中“浪花点点”，即五绝中的“一点、一点，又一点”，仍是一个“心”字。

# 如此写“万”

从前有个土财主，虽然家境富有，但世世代代目不识丁。

有一年，土财主聘请了一位塾师教导他的儿子。塾师先教这个孩子描红，写一画就教他说“一”，写两画就说“二”，写三画就说“三”。那孩子学会这三个字以后，便把笔杆一甩，高高兴兴地跑去向父亲报喜：“儿子学会了！儿子学会了！再也不用麻烦先生了。”财主喜不自禁，就辞退了塾师。

过了不久，财主打算请一位姓万的亲戚前来做客，早晨就叫儿子写请帖。时过晌午，请帖还没写好，父亲急忙催促儿子，儿子埋怨道：“天下人的姓多得很，为什么偏要姓万？我从早晨写到现在，才写了五百画！”

## 妙趣横生

### ·巧写万字·

清朝末年的陆本松自幼聪慧。十二岁那年，他去考秀才。

考试时，考官发给每个考生一张长两寸、宽一寸的纸条，要求在上面写“万”字。一个个考生都情绪紧张，手不停笔。小本松却从容不迫地仅写了十二个字：“一而十，十而百，百而千，千而万。”他以最快的速度交了头卷。

# “用”变“甩”救一命

清朝时，有个专帮人打官司的讼（sòng）师叫李平。他为人正直机智，常能反败为胜，化险为夷。

当地有一个富家浪荡子，横行乡里，百姓对他又恨又怕。一次，浪荡子路过阿哥家，见阿哥妻子十分美貌，顿生奸淫之心，百般调戏。阿哥上前阻止，却被打得头破血流。阿哥妻子见状，气愤至极，于是拿起一把斧子向浪荡子砸去，不料正中其头部，浪荡子一命呜呼。

浪荡子家人当即告到县衙（yá），状词中有“恶妇行凶，用柴刀劈死”等语。县令不问青红皂白，很快就判了阿哥的妻子死刑。

办案的法吏是李平的朋友。李平对他说：“阿哥的妻子是为了自卫才动了斧子，按情理应该轻判，请老兄笔下留情。”

法吏说：“这个案子已经记录在案，且盖上了官印，不能再更改啦！”

李平说：“小弟倒有个办法，只需改动一笔，就可

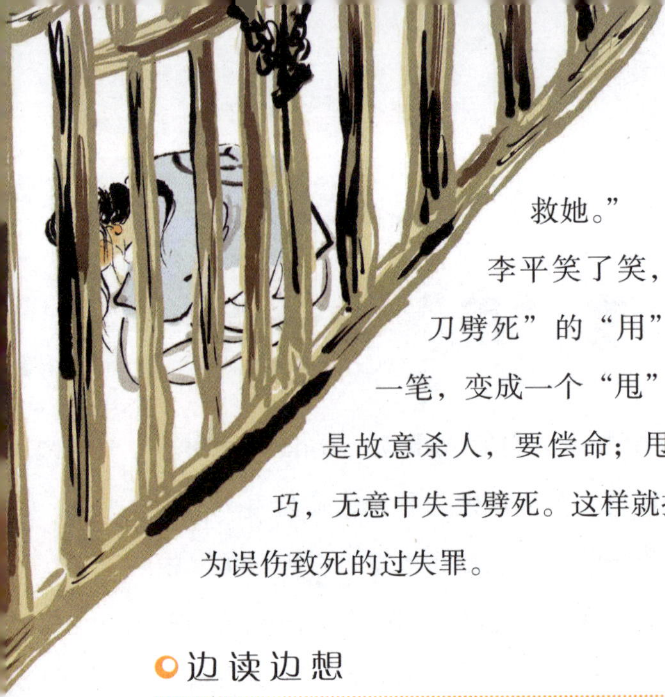

救她。”

李平笑了笑，挥笔在“用柴刀劈死”的“用”字上轻轻来了一笔，变成一个“甩”字。用刀劈死，是故意杀人，要偿命；甩刀只是甩得不巧，无意中失手劈死。这样就把故意杀人罪降为误伤致死的过失罪。

## 边读边想

李平充分利用汉字的特点，以增笔手法让阿哥的妻子化险为夷，替百姓说话。“用”变“甩”，救人一命，足以显示出汉字之变幻。

# 四人同渡

有四人同船渡江，一位是官员，一位是船夫，一位是卖花女，还有一位是老农。

官员自恃胸有文墨，对众人说："同舟共济，我们相逢难得，不妨各作一首诗，解解闷倦。诗的要求是：七言四句，其中有三字同头，三字同旁，首尾融贯连锁，且要符合各自的身份。谁吟咏不当，谁支付渡钱；若都能对上，本人除支付渡钱外，还备办酒席一桌，与诸位共饮。"

官员首先洋洋自得地开腔：

三字同头官宦家，三字同旁绫绸纱。

若非当朝官宦家，岂可穿上绫绸纱？

船夫双手摇橹（lǔ），一俯一仰，悠然吟道：

三字同头大丈夫，三字同旁江海湖。

若非当今大丈夫，何以能识江海湖？

官员一听，不禁赞叹："妙哉。"

卖花女从容不迫地说道：

三字同头芙蓉花，三字同旁姑娘娃。

若非妙龄姑娘娃，谁人敢戴芙蓉花？

官员听后，脱口称颂："善哉。"

最后轮到拣粪的老农，他看了看官员，又瞧瞧自己的粪桶，泰然自若地吟起来：

三字同头屎尿屁，三字同旁谋诡计。

若非当船屎尿屁，谁人愿意谋诡计？

官员明知被嘲讽，但也只能红着脸没有说话，只得付了船钱，又办了一桌酒席。

## 妙趣横生

屈原祠上有一副对联：

泪涕湘江流满海；嗟叹嚎啕哽咽喉。

湖北利州天成观龙王殿有一副对联：

河汉汪洋，江湖滔滔波浪涌；

雲霄雷電，霹雳震震霈（pèi）雨霖（lín）。

# 添笔退侵兵

汉武帝时期，北方边境的匈奴想进攻中原，派人给汉武帝送来一份战书，上面写着四个大字“天心取米”。汉武帝不解此战书何意，便召集文武百官研究。正当众臣束手无策之时，负责修撰史章典籍的小吏何塘站了出来，他说：“皇上，恕臣直言。天者，我国也；心者，中原也；米者，圣上也。天心取米，就是夺我江山、取圣上龙位的意思呀。”说罢，他提笔在信上略添几笔，便装入信封，将其退回作

为回复。

匈奴原以为汉朝定然不敢应战，不料却收到了回信。匈奴首领打开回信一看，顿时大惊失色，觉得汉朝人才济济，不可小觑（qù），出兵攻打实在难以占上风，便退兵了。

原来何塘只是在“天心取米”四个字上添加了几笔，变成“未必敢来”，就吓退了匈奴人。

## 异曲同工

**·进士进士·**

从前，有个财主本无学识，但他肯出钱，结果父子二人都买了进士功名。妻因夫贵，婆媳二人都被加封为夫人。

除夕，为炫耀门庭，他家门上贴出一副对联：

父进士，子进士，父子同进士；

婆夫人，媳夫人，婆媳皆夫人。

路人看了不顺眼，暗中将此联添了几笔。

第二天，财主出门一看，气得发昏，原来对联变成了：

父进土，子进土，父子同进土；

婆失夫，媳失夫，婆媳皆失夫。

一两笔之别，吉凶相反，改者奇想，令人叫绝。

# 神童戏宰相

唐朝有一个叫贾嘉隐的小孩，人称神童，在他还不满八岁时就颖悟异常。唐高宗听说后，将其看作当朝荣耀和兴盛的象征，于是下诏，召他进宫。

贾嘉隐在皇宫庭院等候时，宫院还有两位大臣各自靠着一棵槐树，也在等候皇上的召见，一个是太尉长孙无忌，一个是司空李勣（jì）。

他们看到皇帝召见的神童，就想试一试他。于是二人把小嘉隐召唤过来，李勣问："娃娃，你看我靠的是一棵什么树？"

"松树。"小嘉隐不认识这种树，随口答道。

李勣说："明明是一棵槐树嘛，怎么说是松树呢？"

小嘉隐从容地说："你位列三公，靠在这棵树上，正是以'公'配'木'，这不就是'松'吗？"

长孙无忌看这孩子辩得巧，便用轻蔑的口气问道："那你看我靠的是什么树？"

小嘉隐看他那副蔑视的神情，愤愤地答道："槐树！"

长孙无忌以为小嘉隐怕了他，大笑道：“看来在我面前，你不敢矫言巧辩了！”

小嘉隐不慌不忙地说：“你靠在树上，那是以‘鬼’配‘木’，这还有什么好巧辩不巧辩的呢！”

## 边读边想

贾嘉隐能巧妙地用偏旁和部首的关系解释人所靠的树和人之间的关系，从尊敬对方——“以公配木”到反唇相讥——“以鬼配木”，如此精通奉承与讽刺的艺术，不仅摆脱了自己不认识树的尴尬境地，还展示了自己神童的一面。

# 讨吉利话的地主

有个奸诈的地主，新建了一座楼房，落成之期，贺客盈门。地主期望前来道喜者说些吉祥语，以便讨个好兆头。

地主问第一位客人，回答姓赵。地主说：“莫非是吉星高照的照？”答道：“不是，乃走失拐带的走字旁，加上一个不肖子孙的肖字。”主人不悦。

地主又问一位客人，回答姓常。主人说：“莫非是长命百岁的长？”答道：“不是，乃药名当归的当字头，下面加上一个吊死鬼的吊字。”主人又不乐意。

地主再问第三位客人，回答姓屈。主人说：

“娶妻生子好啊！”答道：“不是，乃尸字头，下加出殡的出字。”主人更不高兴。

地主问第四位客人，回答姓姜。主人说：“可是万寿无疆的疆？”答道：“不是，乃王八羔子的羔砍去四蹄，接上一个男盗女娼的女字。”听到这里，主人已气昏了头。

## 妙趣横生

### ·纪晓岚妙对得还乡·

清朝乾隆年间的侍读学士纪晓岚，整日陪着乾隆皇帝读书，天长日久，觉得这种生活单调无聊，十分想家。他的心事被乾隆皇帝看出了几分。

一天，乾隆皇帝半开玩笑地对他说：“依朕看，你是——口十心思，思妻、思子、思父母。”

聪颖的纪晓岚认真揣摩皇帝的话，这分明是一副析字联的上联，如果自己对得好，合悦龙心，说不定会准许自己回家探亲。他立即双膝跪下，虔诚地说道：“如蒙陛下恩赐，回乡省亲，臣是——言身寸谢，谢天、谢地、谢君王。”

乾隆皇帝听罢，龙颜大悦，当场恩准纪晓岚回家探亲。

# 八大王是四小鬼

19 世纪末，美、英、法、俄、德、意、奥、日等八国联军相互勾结，先后占领了天津和北京。腐败无能的清政府一味屈膝求和。

有一次，清政府与八国代表议和。会议开始前，有个外使阴阳怪气地说道："听说中国有一种独特的文学形式，称作对联。现在我出一上联，看你们是否能对

出下联？”那人所出的上联为：

琵琶琴瑟八大王，王王在上。

联军代表听后，发出一阵阵狂笑，气焰十分嚣张。

正当联军代表得意忘形之际，清政府代表身后的一位秘书蓦（mò）然起立。他怒目环视，响亮地回答：

魑（chī）魅（mèi）魍（wǎng）魉（liǎng）四小鬼，鬼鬼犯边。

联军挑衅者听后，一个个像泄了气的皮球，垂头耷耳，相顾无言。

## 妙趣横生

**·双月与半风·**

一天，佛印应约到苏轼的住所，苏轼出门迎接。这时，苏小妹正在窗前捉虱子，一见兄长和佛印迎面而来，脱口出对戏道：

长兄门外邀双月。

苏轼笑对下联：

小妹窗前捉半风。

上联的“双月”，即“朋”字；下联的“半风”（风的繁体为“風”），即“虱”字。

# 吴承恩题联讽粮商

明朝时人吴承恩有一次到淮安城闲游，忽然被一个胖子拦住。胖子殷（yīn）勤地请他到家做客。吴承恩认出此人是楚州河下镇的一霸——粮行老板张皇兴。张皇兴为了给自己粮行装点门面，便巴结道："张某能见到您，实乃三生有幸，恳祈给敝店写一副对联，请先生赏脸。"张皇兴死缠硬磨，吴承恩难以脱身。突然，他灵光一闪，提笔一挥而成：

皇兴大粮行；慈夙（sù）楚城扬。

横批为：四字去首。

张皇兴得到这副对联，如获至宝，赶忙请能工巧匠刻制，悬于粮行大门之上。谁知此联一挂，生意反而冷清了。张皇兴觉得蹊（qī）跷（qiao），但又不明原因。

一天，一位秀才路过粮行，看到这副对联，不禁掩口而笑。张皇兴便前去询问原因。秀才告诉他：横批"四字去首"，就是去掉上下联开头两字的上半部分，对

大同粮店
米
面
糧
油
皇興大糧行

联就成为：

王八大粮行；心歹楚城扬。

张皇兴气急败坏，要去找吴承恩算账，可是吴承恩早已远走他乡。

## 妙趣横生

### ·巴县走狗·

相传，四川巴县（今重庆市巴南区）有个衙吏，敲诈勒索，搜刮民财，盖了一所豪华的府邸（dǐ）。府邸落成之日，鞭炮齐鸣，远近乡绅、名流前来庆贺恭维。有个秀才写了一副对联送上，联曰：

邑（yì）悬起敬；口心己文。

送上对联后，秀才立马就走了。客人们对这副对联赞赏不已，都说是县民对衙吏肃然起敬的意思。

有个老儒生揣摩半天，认为上联“邑悬起敬”四字倒没问题，但联系下联，如果把上联各字的偏旁或部首“口心己文”去掉，岂不成了“巴县走苟（狗）”？众宾暗笑。

# 害怕耳朵

从前，有个学识浅薄的文书，写字时常混淆（xiáo）结构，把字写错。

有一次，他把陈字的“阝”写在右边，被长官打了二十大板。于是文书误以为凡是“阝”都应当在左边，书写郑字时就将“阝”放在左边，不料又被责打了二十大板。

后来，有个姓聂（繁体为“聶”）的人托他写张状词，文书大声叫苦：“我因写两个‘耳’字（偏旁为“阝”），一连被打了四十大板。你有三个耳，若是给你写状词，岂不是要葬送我的性命？”

## 边读边想

“阝”有左双耳与右双耳之分。左双耳的常见字有降、陈、阶、除等；右双耳的常见字有郑、都、郢(yǐng)、郊等。“阝”有别于单耳旁“卩”，“卩”总是放在字的右边，如叩、即、却等。

# 袁世凯的年号

1915年12月12日，袁世凯肆无忌惮地废除民国纪元，宣布恢复帝制，确定次年为洪宪元年，准备即皇帝位。袁世凯的倒行逆施激起了全国人民的强烈反抗，反袁声势日益高涨，袁世凯成了过街老鼠。

然而顽固的袁世凯继续逆历史潮流而行，悍然下令全国报纸从1916年元旦开始一律采用“洪宪”年号。此时，进步人士史量才主持上海《申报》。为表示抗议，史先生授意排字工人勿排宪字，而是在“宀”部首的字中任选一字，排在“洪”字之后，并交代明白如果遇到袁世凯派人检查，就回答是排版错误所致。排字工人依计而行。

于是，第二天出现在《申报》上的竟是“洪害元年”的字样，一时人心大快。

## 边读边想

“宀”俗称宝盖头，是汉字中常见的部首。

“宀”部字很多，如客、官、室、宣、宋、宛、空等。在史先生的授意下，排字工人在“宀”部诸字中，选出了一个“害”字组成“洪害”。以“洪害”代“洪宪”，是一种绝妙的讽刺和讨伐。

# 不识“川”字真面目

北宋文学家欧阳修《归田录》中记载了一个关于“川”字的小故事。

有个才疏学浅的教书先生只熟悉“川”字。上课的时候，只能拿这个“川”字应付。有一次，先生连续翻了许多页，都未寻见，急得满头大汗。忙乱之中，忽然见

到一个“三”字，便指着“三”字大声骂道：“我到处寻你寻不见，原来你躺在这里睡大觉！”

## 边读边想

“川”由撇、竖等笔画组成，“三”全由横构成。教书先生横竖不辨，“指鹿为马”，令人捧腹。“川”字为象形字，像众水并流之形。河水的水面一般低于河岸，河流水面是平坦的，山间或高原上低而平坦的地带像河川，因此“川”又可引申为山间或高原上平坦的地带，例如，“一马平川”。

# 山石岩下古木枯

清朝时，一次乾隆皇帝和纪晓岚在宫中下棋，乾隆连弈三盘皆告负。乾隆对纪晓岚说：“朕欲赐爱卿御宴，只是时光尚早，不如拈联答对。”

纪晓岚起身叩谢道：“谢圣上隆恩。卑臣斗胆，请赐上联。”乾隆出联道：

山石岩下古木枯，此木是柴。

乾隆心想：我这联拆了“岩”“枯”“柴”三字，而且文气连贯，下联要对得好，谈何容易。

不料，纪晓岚略一思索，即对道：

白水泉边女子好，少女真妙。

乾隆一听，这下联对得无懈（xiè）可击，实在是妙极，顿时龙颜大悦。

## 妙趣横生

**·杨溥巧对免服役·**

明朝时，湖广石首有个教书先生，叫杨溥（pǔ）。有一次，地方官要其服役，杨溥因体弱家贫，苦苦哀求地方官免除服役。

地方官要杨溥当面对对，对出下联方可免除服役。地方官出对曰：

四口同圆（圓），内口皆归外口管。

杨溥对道：

五人共伞（傘），小人全仗大人遮。

地方官耳闻下联，这分明是在夸赞自己，心里暗自高兴，又见杨溥确实难以服役，顺水推舟，就此罢了。

# 拆字酒令

从前，有五个人志同道合，经常在一起饮酒吃饭，饮酒时喜欢以拆字与行吟酒令取乐。一次，酒至数巡，有一个人以拆字为令说：

田字不透风，十字在当中；

十字推上去，古字赢一盅（zhōng）。

一个人接着说：

回字不透风，口字在当中；

口字推上去，吕字赢一盅。

又一个人接着说：

囹（líng）字不透风，令字在当中；

令字推上去，含字赢一盅。

另一个人继续说：

困字不透风，木字在当中；

木字推上去，杏字赢一盅。

最后一个人凝思良久，方说：

曰字不透风，一字在当中；

众人笑着问："推作何字？"

此人将酒饮尽以后说：

一字推上去，一口一大盅。

## 边读边想

上面的酒令都表现出字形的变换。"田"中的十字推上去成"古"字，"回"字中间的小口推上去成"吕"字……字的笔画多少不变，位置的交换便引起意义的变化，由此可见汉字的神奇。

# 三白与三毛

《魏语录》中记载了这样一个故事：

有一次，郭震写信给任介，约他前去吃“皛（xiǎo）饭”。任介不知这皛饭是何滋味，第二天便兴致勃勃地赴宴。寒暄已毕，开始吃饭，只见桌上摆着白饭一碗、白萝卜一碗、白盐一碟——原来这样的三白饭凑成了“皛饭”。

任介发现上了当，但并不气恼。过了几天，任介致信请郭震前来吃“毳（cuì）饭”。郭震也不知这毳饭是什么，料想是以毛类的食物戏弄他。郭震到达任介那里后，谈叙多时，不见一点儿食物。郭震大惑不解，忙问：“这是怎么回事？”任介笑着说：“我这次是白饭也毛（无）、白萝卜也毛（无）、白盐也毛（无）——这三毛不就是毳饭吗？”

## 边读边想

三白合为皛，意为皎洁、明亮。陶渊明《辛丑岁七月赴假还江陵夜行涂口》诗中有“昭昭天宇阔，皛皛川上平”之句。三毛合为毳，鸟兽细毛，此谐方言“无”或“没”音，借为“没有”之义。此外，皛、毳皆为品字形结构。

# 包公巧为民除害

北宋仁宗时，国舅鲁斋郎倚仗皇威，胡作非为，老百姓都敢怒不敢言。

有一次，鲁斋郎为霸占一个良家女子，一下子逼死了好几个人。死者的亲属告状告到了开封府，当时开封府的府尹正好是公正无私、疾恶如仇的包公。

包公查明了这件案子，不由得怒火中烧，下决心要为民除这一大害。但鲁斋郎与皇帝的关系非同一般，要杀掉他并不是一件容易的事。包公思虑了好久，终

于有了主意。他先给皇帝上了一个奏折，说有个“鱼齐即”的人，坑害百姓，作恶多端，而今又身负几条人命，该当何罪。皇帝看后批了个“斩”字。包公二话没说，回去就把鲁斋郎杀了。

第二天，皇帝有事宣鲁斋郎上朝，包公启奏道：“此犯乃御笔亲判，昨日已经斩了。”皇帝大惊，问是怎么回事，包公就把批文交了上去。皇帝看了，只好言不由衷地说：“苦害良民，该当此罪！”

原来，包公等皇帝在批文上批了“斩”字，回到府里就在“鱼齐即”上面各添了几笔，变成了“鲁斋郎”。皇帝以为是自己看花了眼，所以也没有怪罪包公，而包公也为民除了一害。

## 妙趣横生

**·借我一点·**

有个姓冢（zhǒng）的人与一个姓卜（bǔ）的人结拜成异姓兄弟，二人志同道合，情趣相投。

一次，哥哥对弟弟说："我的姓很奇特，你看'冢'字好像家没有头，好像官员摘掉帽子一样，很难看。我和你商量一下，把你那'卜'字腰中的一点挪到我'冢'字头上，让我出头成'家'，岂不是好事？"

弟弟答道："将一点借给你成家当然是好事，不过成全了你，我就成光棍一条了。"

# 第三章

# 谐音撷趣

## ——认识汉字的音韵之美

# 狼狗之辩

高士奇是清朝康熙年间的一代名相，学识渊博，聪明机敏，深得康熙皇帝的赏识。

高士奇在上书房做侍郎时，与吏部尚书索额图和都御史纳兰明珠是同僚，三人经常开玩笑。

一日，三人一起徒步外出办事，行走间突然有一条大狗从胡同蹿出，然后跑远。纳兰明珠问了一句："是狼是狗？"索额图一听，哈哈大笑道："是狼是狗（侍郎是狗）？你得问江村（高士奇，号江村）。"

高士奇听出二人是在一唱一和地用谐音骂自己，但他不露声色地说："那是条狗。"

二人以为他没有听出话中的玄奥，便得意地打趣道："何以见得？"

高士奇笑着道：“狼、狗区别主要有二：其一，看它的尾巴，下垂是狼，上竖是狗（尚书是狗）；其二，看它吃什么，狼只吃肉，狗却是遇肉吃肉，遇屎吃屎（御史吃屎）。”

这个狼狗之辩顺势而为，毫不费力地回敬了吏部尚书索额图和都御史纳兰明珠。二人虽然挨了骂，可心里却很佩服高士奇的智慧和机敏。

## 妙趣横生

苏轼的好友佛印虽是出家人，却顿顿不避酒肉。这日，佛印煎了鱼下酒，正巧苏轼登门来访。佛印急忙把鱼藏在大磬（qìng）（木鱼）之下。

其实苏轼早已闻到鱼香，进门不见，想起当日遭黄庭坚诈戏，眼珠一转，计上心来，故意说道：“今日来向大师请教，‘向阳门第春常在’的下句是什么？”佛印对老友念出人所共知的旧句深感诧异，顺口说出下句：“积善人家庆有余。”苏轼拊掌大笑：“既然磬（庆）里有鱼（余），那就积点善，拿来共享吧。”

# 诸葛亮巧借谐音气周瑜

三国时，曹操凭借百万兵力，向东吴下了战书。此时，东吴大臣鲁肃正从江夏带刘备军师诸葛亮到东吴。诸葛亮特来劝说孙权出兵拒魏。

当时，东吴战或降要等都督周瑜（yú）决策。周瑜认为战必败，鲁肃却认为东吴险固，不同意降曹。二人争辩不休，而诸葛亮在旁冷笑不已。周瑜和鲁肃询问诸葛亮，笑为何意？

诸葛亮先以“曹操善用兵法，天下莫敌”奚落孙权和周瑜，最后说：“曹操在漳（zhāng）河新造‘铜雀台’广选天下美女，早就垂涎江东乔公的大乔、小乔二女。曹操这次南下，就是想将江东二乔置于铜雀台，以乐晚年，虽死无恨。如今只要寻得乔公，送去二女，曹操必班师回许昌。”

周瑜问诸葛亮说：“此说有何为证？”

诸葛亮说道：“曹操之子曹植曾作《铜雀台赋》，赋中写道：……立双台于左右兮，有玉龙与金凤；揽二乔

（二桥）于东南兮，乐朝夕之与共……”

周瑜听后勃然大怒，指北而骂道：“老贼欺吾太甚！大乔是主公的主妇，小乔乃我妻，如此岂有屈身投降之理，求孔明（诸葛亮，字孔明）助一臂之力同破曹贼。”

## 知识链接

这是《三国演义》中著名的“请将不如激将”的故事，虽为“虚构”，然其“合理性”却令人置身其话语中而无所疑。况且，曹植的确写过《铜雀台赋》，其中有“立双台于左右兮，有玉龙与金凤；揽二桥于东南兮，乐朝夕之与共。”原意指将兴建两个高台，以收胜景；然后再于台间建两座桥，以便朝夕流连其中。但诸葛亮却故意利用“二桥”与“二乔”的谐音来激怒周瑜，这一方面显示出诸葛亮的智慧，

同时暗讽了周瑜的无知。

到了唐代，杜牧曾经写过一首诗：“折戟沉沙铁未销，自将磨洗认前朝；东风不与周郎便，铜雀春深锁二乔。”这首充满“转喻”意味的诗，深刻嘲讽曹操一统天下的真实用心，用的却是《三国演义》的典故，足见其影响之深。

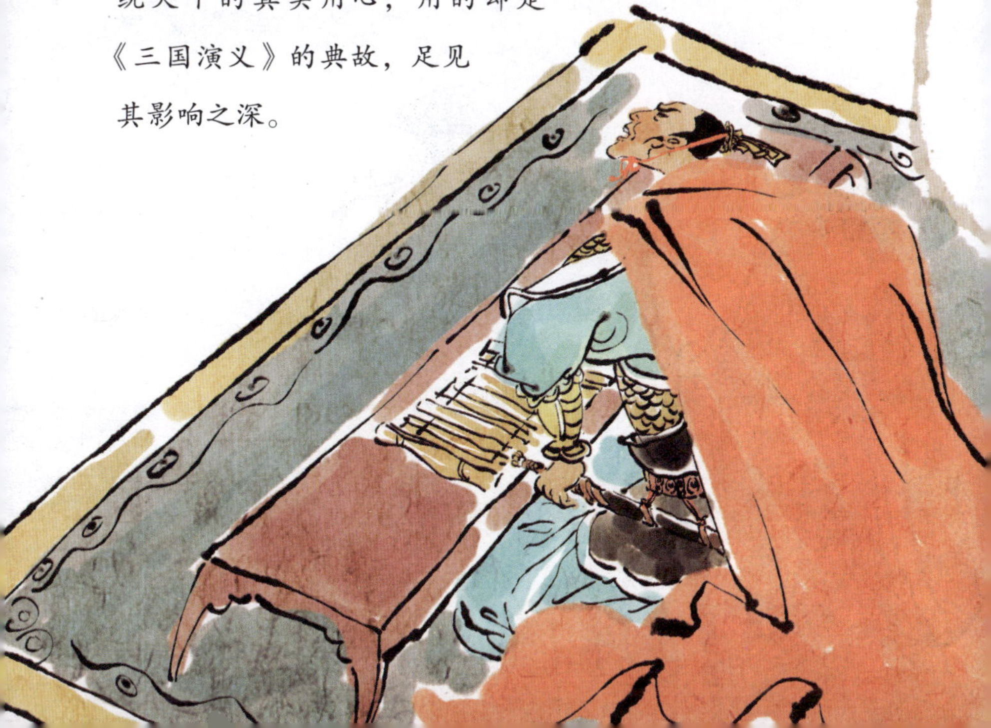

# 不知“修”

北宋的欧阳修是江西左安人，二十四岁中进士，擅长诗词，是当时著名的文坛领袖。有个附庸风雅的秀才听说大学问家欧阳修很有才气，心里不服气，口出狂言，要与欧阳修比个长短。

一天，秀才大模大样地要去找欧阳修比比学问。在路上，他看到一位举止儒雅的老者，料想是读书之

人，于是拉着老者，指着路旁一棵枝枯叶败的小树，要与老者对诗。老者再三推辞，秀才却以为是他心怯（qiè），逼得更紧了。不等老者说话，他就说道：

路边一枯树，树上两个杈（chà）。

老者一听，连连摇头。秀才却强拉硬拽（zhuài），非要老者吟上两句凑趣。无奈，老者只好续上两句：

路边一枯树，树上两个杈。

春来苔为叶，冬至雪当花。

秀才见老者出口不凡，吃了一惊。但他不肯服输，说道："此诗勉强，我们不妨再选一题，也好见出真才情。"

他们继续向前走，看到一对白鹅扑腾着翅膀跳进路边的池塘里，于是秀才冒出两句：

前面两只鹅，扑通跳下河。

不知深浅的秀才以为这下难住了老者，便苦苦纠缠，让老者续上。无奈之下，老者随口念道：

前面两只鹅，扑通跳下河。

白毛映绿水，红掌击清波。

老者轻松答出，但秀才仍不服气，还想找机会挽回面子。

两人一同来到一处渡口，等候摆渡的人聚集了不少。秀才想在大庭广众下给老者难堪（kān），故意高声说道："你我同乘舟，去访欧阳修。"

这次，老者再也忍不住了，冲着秀才大声说道："修已知道你，你还不知修（羞）！"秀才这才知道眼前这位老者就是欧阳修，羞得无地自容，偷偷溜走了。

## 妙趣横生

### ·王羲之智断敲诈案·

东晋王羲之任太守时，收到一个村民的状子，说某乡绅用一小块荒地让他葬父，言明只要一"壶"酒，事后却硬要他一“湖”酒。

王羲之便到乡绅家探访。乡绅久仰其名，欲求墨宝，于是盛情款待。王羲之书写了《乐毅传》给乡绅，乡绅喜出望外，问送何礼答谢。王羲之顺口说：“只要一活鹅。”

不久，乡绅立即提了一只活鹅送至府衙。王羲之却把脸一沉，说道：“当时说好是一河鹅，怎么只送来一只？”原来当地话的“活”“河”同音。乡绅急忙辩解道：“大人，鹅是以只计数，从不以河计数的呀！”

王羲之冷笑一声，拿出村民的状子，说道：“既然鹅以只计数，难道酒有用湖计数的吗？”乡绅自知理亏，只得认错。

# 施氏食狮史

民国时期，著名语言学家赵元任曾写过一篇《施氏食狮史》：

石室诗士施氏，嗜狮，誓食十狮。施氏时时适市视狮。十时，适十狮适市。是时，适施氏适市。施氏视是十狮，恃（shì）矢（shǐ）势，使是十狮逝世。施氏拾是十狮尸，适石室。石室湿，施氏使侍拭石室。石室拭，施氏始试食是十狮尸。食时，始识是十狮尸，实十石狮尸，试释是事。

可以翻译为：

从前，有个姓施的文人喜爱作诗，住在石头建造的屋子里。他喜欢吃狮子肉，发誓要吃十头狮子，所以经常去市场上找狮子。一天早晨十点，刚

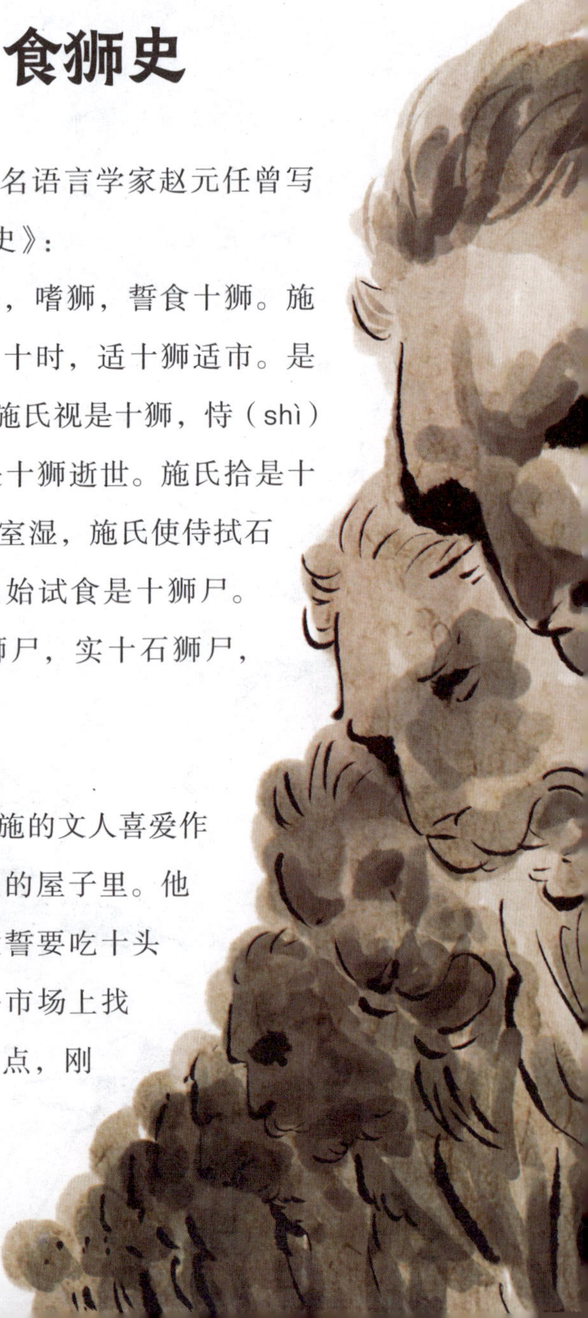

好有十头狮子上市。这时，恰好姓施的也来到市场。他一见这十头狮子，于是拉弓搭箭把十头狮子全射死了，然后拖着这些狮子回到石屋。但石屋很潮湿，于是命令仆人把石屋擦干，然后再饱尝十头狮子的肉。吃的时候，才发现这十头狮子实际是用石头做的，不能吃。请尝试解释这件事。

## 边读边想

这个故事虽属文字游戏，但表现出作者驾驭汉字的能力，以及汉字视听分离的特色。阅读此文，稍具文言知识的人都可以通晓无误；如果旁人诵读，听的人都如坠雾中，不知所云。

# 巧画家书报平安

古时候，有一个农夫遇上了朝廷的军队抓人服兵役，他被抓到边疆去打仗。他每天想念家里的妻子，妻子也在等着他回来。

好多年过去了。有一年快过年了，妻子又思念起丈夫，忍不住痛哭起来。忽然，

来了一个陌生人，他交给农夫的妻子一封信，说：“我在边塞做生意，碰到了你的丈夫，他让我捎信给你。”

妻子不识字，打开信一看，只见上面有四幅图画：第一幅是七只鸭子；第二幅是空酒瓶；第三幅是一头死去的象；第四幅是一个人骑着马，正往一间房子飞奔。看完信，妻子马上擦去眼泪，开心地笑了。

这四幅画的意思是：妻（七）呀（鸭），好久（酒）不见了，想（象）死了，马上回家。

## 妙趣横生

从前，有一个富豪让朋友陪同他去选车牌号。富豪选来选去也拿不定主意。这时，朋友笑着说：“这个车牌号不错，00544（动动我试试），保证没人敢惹，不错吧！”富豪会心一笑。

第二天，富豪开车出去，就出了车祸。富豪生气极了，心想这车你也敢撞，可下车一看，立即灰溜溜地走了，原来对方的车牌号是44944（试试就试试）。

# 用“狗”巧对

宋代的枢密副使高若诺，有一天请诗人姚崇嗣（sì）吃早饭。两人刚要动筷子，进来一位客人拜访高若诺。他们只好放下筷子，陪着说话。

来的客人说自己新写了一些诗，要给高若诺念念，直到高、姚二人都饥肠辘（lù）辘还喋（dié）喋不休。姚崇嗣对这位不知趣的客人十分反感。忽然，他有了主意，故意跟客人写的诗胡对一气，看他什么反应。

客人说：“我写了《甘露寺诗》，头一句是‘下观扬子小’（往下看长江都变小了）……”

姚崇嗣接上说：“你那里是羊子（扬子），可以对狗儿，这句诗可接‘卑末狗儿肥’。”

客人心想：什么人，在这里瞎搅和？又接着说：“我还写了《峡中感怀》，有一句是‘猿啼旅思凄’（听山上猿声哀鸣，旅人思绪更加凄凉）……”

姚崇嗣故技重演，接着说：“是‘吕四妻（旅思妻）’吗？可以对‘犬吠王三嫂’。”

客人气得一甩袖子站起来走了，边走边说：“根本不懂诗。无知之徒，气死人了！”

高若诺很高兴，对姚崇嗣说：“多亏你‘不懂诗’，否则咱们就饿坏了。快吃早饭吧！”

## 妙趣横生

### ·“头鸣不是此头名”·

清朝乾隆末年，某县秀才张生去参加考试。寂静的考场突然一阵蝉鸣。

监考官查明蝉声发自考生张生帽中，于是揭开他的帽子，看到几只蝉尚在吟唱。询问后，张生交代，早晨离家时，其父将蝉放进他的帽中，说是蝉在头鸣预兆可中头名。蝉爬动使他头痒难忍便挠了几下，蝉就叫开了。

监考官听了又好气又好笑，就以违纪取消了张生的考试资格，并挥笔写下一首诗：

头鸣不是此头名，
皆因老父好功名。
秋蝉识鸣不识名，
迷信兆头失功名。

# 农家小事有奇联

相传，明朝才子唐伯虎同友人外出游玩，看见一个村妇一面打扫乱柴，一面叫小叔子捆柴。他见此情景得了一上联：

嫂扫乱柴呼叔束。

此联中有两处地方运用了谐音手法。“嫂”“扫”两字谐音，“叔”“束”两字也谐音。因此，要对好有一定的难度。

友人正在低头沉思之时，看见一个少妇挑一担水走来，不料水桶突然裂开，水流了一地。少妇便忙唤小姑子来把破桶箍（gū）紧。

这个司空见惯的场景一映入眼帘，友人便大喊“有了”，随即对出了下联：

姨移破桶令姑箍。

下联也是两处谐音：“姨”与“移”谐音，“姑”与“箍”谐音，与上联绝配。

其实，上下联描述的都是寻常的农家小事，但一经高手之口，便成佳对。

## 妙趣横生

**·陈洽父子双关对·**

陈洽，明朝江苏武进县（今武进区）人，字叔远。通经史，据说他八岁时，只见江上两只船同时进发，一只摇橹（lǔ），一只扬帆，扬帆的船很快驶到摇橹的前面。陈洽的父亲见状，灵感顿生，遂（suì）出一联：

两船并行，橹速不如帆快。

仓促间，陈洽难以为对。恰在这时，远处有一个牧童在吹笛，笛声悠扬，动人心弦。陈洽灵机一动，对出下联：

八音齐奏，笛清难比箫和。

父亲满意地夸奖儿子道：“这小子还真行。”陈洽也跟父亲开了个玩笑道：“我老子也不错。”说罢，两人相视而笑。

# 谐音巧破案

相传，有个客商住进一家客店，将随身携（xié）带的五十两银子放在衣物中，一齐交给店主代为保管。

第二天，客商取回衣物一看，银子不见了。于是客商找店主索要银子，店主却说自己一直都没见里面有银子。

客商无奈，只好向衙门告发店主。知县看罢诉状，便吩咐差役传来店主对质。店主百般开脱，还一口咬定是客商讹（é）诈。

知县一面倾听双方的申辩，一面细察两人的神色。原告神态自若，被告看似心中有鬼。如何断案呢？知县苦思良久，终于计上心来。

知县提起毛笔在店主手中写了一个“银”字，然后叫他站在房子中间，并严厉嘱咐道：“注意看好，要是手上这个‘银’字没有了，就罚你还他银两！”

店主觉得莫名其妙，但又不敢违抗，只好聚精会神地注视着手上的“银”字，唯恐它消失了。

知县密差衙役将店主之妻传呼到堂，直截了当地问道：“昨日你们收下的客商的银子，放在什么地方了？快交出来！”店主的妻子顶撞说：“什么银子，我不知道。”

知县怒了，厉声道：“不要狡辩，你丈夫都招认了，还不快说出实情。”

店主的妻子冷笑一声，不为所动。知县便让她与丈夫对质。她半信半疑地跟随知县来到窗口。知县隔着窗户向店主大声问道：“老板，你收（手）上的银子（字）还在不在？”老板赶紧看着手心的“银”字大声答道：“我手上的‘银’字还在啊，谁说不在？”

店主的妻子以为丈夫真的招认了，只好乖乖地如数将银子交出。

## 妙趣横生

明代文学家程敏政学识渊博，为一时之冠，官至礼部右侍郎。他在十岁时，即以神童被推荐到京城，朝野上下，以为异事。

宰相李贤打算招他为婿，设宴款待他。李贤指着桌上的果品，出对道：

因荷（何）而得藕（偶）。

程敏政听了这谐音联马上猜到了李贤的用意，随口对道：

有杏（幸）不须梅（媒）。

李贤见他果然才思敏捷，遂将女儿许配给他。

# 天下太贫

民国初年，进步文人刘师亮与写《厚黑学》的李宗吾并称“四川双杰”。刘师亮当过塾师、讼师，经过商，是一个怀才不遇又疾恶如仇的怪才。

民国时期，苛捐杂税多如牛毛，老百姓生活一贫如洗，官方却又常喊“民国万岁”，宣言“天下太平”。

刘师亮写了一副四字短联，堪称千古绝对：

民国万税；天下太贫。

刘师亮的这副对联，就地取材于两句官方口号，运用谐音手法，将“岁”改成“税”，将“平”改成“贫”，顿时化褒为贬，一语道破了“民国万岁”背后的实质，撕破了“天下太平”的画皮。

## 妙趣横生

### ·穷人的妙计·

很久以前，有个姓吴的穷人在荒山上种了一片果树林。没几年，树木茂盛，果实满枝。一个财主看中

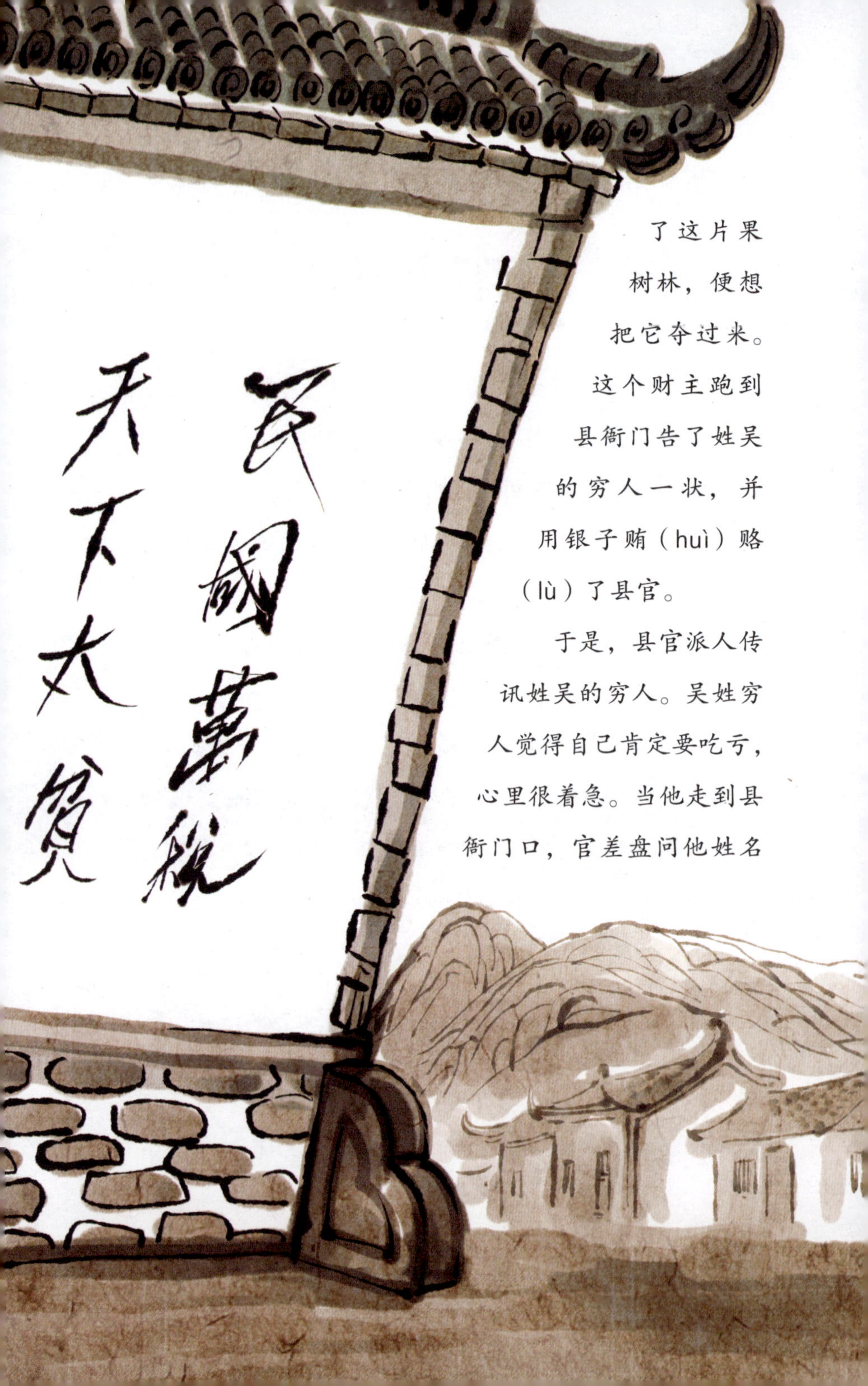


了这片果树林，便想把它夺过来。这个财主跑到县衙门告了姓吴的穷人一状，并用银子贿（huì）赂（lù）了县官。

于是，县官派人传讯姓吴的穷人。吴姓穷人觉得自己肯定要吃亏，心里很着急。当他走到县衙门口，官差盘问他姓名时，他忽然心生一计……

官差通报后，开始审案。县官喊了财主的姓名之后，紧接着又喊：“传吴旧上堂！”县太爷一喊，财主竟吓得溜走了。

姓吴的穷人自称“吴旧”，县官喊“吴旧”，财主听了却是“吾舅”，以为他们是亲戚，所以被吓跑了。

# 白吃又何妨

相传，有卖韭菜、蒜、葱和白菜的四个人，交往甚密，每天收市之后，便在一处，但卖白菜者十分吝（lìn）啬（sè），从来没有请过客。

有一天，卖韭菜、蒜、葱的三人凑在一起商议，设法让那位卖白菜的仁兄破费一次。吃饭的时候，卖韭菜的提出行酒令助兴，各吟诗一首，要求每句首字必须是本人所卖的东西。

卖韭菜的从座位上站起来，率先说道：

久（韭）饮他人酒，

卖蒜头的接着说：

算（蒜）来不应当。

卖大葱的紧接第三句：

聪（葱）明人自晓，

最后轮到卖白菜的人，他知道三人是在挖苦自己，但他脸不红，心不跳，不慌不忙地夹起一块肉放进嘴里，边嚼边说："白（白菜）吃又何妨！"

## 妙趣横生

**·见鸡而作·**

从前有一个地主，很爱吃鸡。佃（diàn）户租种他家的田，光交租不行，还得先送一只鸡给他。

有一个叫张三的佃户，年终去给地主交租，并佃第二年的田。去时，他把一只鸡装在袋子里，交完租，便向地主说起第二年佃田的事，地主见他两手空空，便两眼望天，说道："此田不予张三种。"

张三明白这句话的意思，立刻从袋子里把鸡拿了出来。地主见了鸡，马上改口说："不予张三却予谁？"张三说："你的话变得好快啊！"地主答道："方才那句话是'无稽（jī）（鸡）之谈'，此刻这句话是'见机（鸡）而作'。"

# 一字用巧，商机无限

曾经有个叫“庄墓”的地方，在各大报刊上登出了大篇招商引资的广告，但很长时间都无人问津。

后来，该地一位有心人将“庄墓”改为“庄慕”，重新刊登广告，这一改竟收到了意外的效果，货主纷纷上门，“庄慕”人很快就做成了几宗大买卖，赢得巨额利润。

究其原因，就在于“墓”字有点晦气，谁肯光顾呢？改为“慕”字，不仅没有晦气之意，而且还非常有意境，连庄子都追慕的地方，自然就引人慕名而来了。

## 妙趣横生

前些年，中国名茶“茉莉花茶”远销欧美，但是在东南亚的海外华人圈却遭到冷遇。这是怎么一回事呢？

一位年轻人经过调查，得知原因在于“茉莉”与“没利”音同形异，当地人很忌讳。那位年轻人建议，给“茉”字加上两点，改成“莱”字，与“来利”谐音，于是“莱莉花茶”销路立即大畅，茶商获利丰厚。

# 落地与及地

很久以前，有个书生带着仆人进京赶考。

行路途中，书生的帽子一下子被风吹落在地。他知道仆人走在后面，定会拾起，便没有去理会，照样向前赶路。哪知，仆人看到后，以为主人不知，就挑着行李快步赶上，气喘吁吁地说：“公子，帽子……你的……落地（第）了。”仆人说

着，一不小心，脚下一滑，把挑的行李也摔在了地上。仆人傻笑着对书生说："你看，不小心都落地（第）了。"

说者无意，听者有心。书生听后，大为不快，因为赶考落第即名落孙山。于是，他一再叮嘱仆人："从此以后，凡有东西掉在地上，不许你再说'落地'，要说'及地'！""及地"谐"及第"，即高中进士之意。

仆人听了书生的叮嘱，连连应道："记住了，记住了。"

两人继续前行，走到一段崎岖不平的山路。书生很不放心，唯恐东西掉落，仆人再说出不吉之言，便不时回头提醒。仆人拍着胸脯保证说："公子请放心，这次是无论如何也不会及地的。"一句话将书生气个半死。

## 妙趣横生

### ·"我不敢娶"·

相传清末大臣李鸿章有个远房亲戚，不学无术，胸无点墨，可是他却想通过科举，直上青云。

这年正好是大考之年，他就去参加乡试。试卷拿到手，他写了半天，但是连他自己都不知道写了些什么。交卷时间到了，他心想：我是中堂大人的亲戚，把这个关系写在考卷上，考官看了，怎敢不录取？于是，他得意扬扬地提起笔来，在考卷末尾写下一行歪歪斜斜的字：我是李鸿章中堂大人的亲妻。可笑他“戚”字不会写，竟写成了“妻”字。

到了阅卷的时间，主考官为人正直，看到这张试卷后，提起朱笔在旁边批了一句：所以，我不敢娶（取）！

# 一桶天下

从前有个姓薛的宰相，为官清正，其子薛登聪明伶俐。当时有个奸臣金盛，总想陷害宰相，但苦于无处下手，便决定在薛登身上打主意。

有一天，金盛见薛登正与一群孩童玩耍，于是诡计顿生，大声喊道：“薛登，你要是敢把皇门上的桶砸掉一只，那才是有胆量的英雄！”

薛登不知是计，马上跑到皇门边上，把竖立在那里的一对木桶砸掉了一只。

金盛暗自高兴，立即禀报了皇上。皇上龙颜大怒，即刻宣薛登父子问罪。

薛登父子跪在地上，父亲战战兢（jīng）兢，儿子却嬉笑如常。

皇上见状，大怒道：“大胆薛登，为何砸掉皇门之桶？”

薛登想了想，反问道：“皇上，你说是一桶（统）天下好，还是两桶天下好？”

“当然是一统天下好！”皇上果断地说。

薛登笑着说：“皇上金口玉言，一统天下好，所以我才把那只多余的桶砸掉了。”

皇上听了，转怒为喜，称颂道：“好一个聪明的孩子！”

## 妙趣横生

### ·岳父留女婿·

古时有个秀才，一次去探望岳父，突然下起雨来，天色已黑，不能回家，又不好向岳父开口，甚是焦急。

岳父什么都没说，而是写了四个古人的名字放在桌上：“夏大禹、姬旦、杜甫、刘禹锡。”

张秀才看完，高兴地说：“今天我不走了。”

岳父问他为何不走了，他说：“您不是写着下大雨、鸡蛋、豆腐、留女婿吗？”岳父听了，哈哈大笑，称赞女婿聪明。

# 画师巧戏西太后

清末，山东有个著名的画师，名叫李奎（kuí）元。有一年，慈禧太后又称西太后，为了修建颐和园，把他召到京城，要他画一个大屏风，放在仁寿殿里，好为她歌功颂德。李奎元心里恨死了慈禧，可是又不能违抗，只好答应了。

献画的那一天到了，慈禧带着文武百官来看画。只见屏风上画了一个胖小孩，跪在午门前，手里托着一个大寿桃，后面飘着各种国旗，排列着各国军队。

官员们都拍马屁说："这是仙童祝寿，万国来

朝！”慈禧开始还很得意，突然，她想到了什么，大声骂道：“他好大的胆子，竟敢骂我！”于是立即下令派人去抓李奎元，而李画师早已经逃走了。

原来，各国军队列“阵”，托桃寓“脱逃”，合起来就是讽刺西太后当年“临阵脱逃”跑到西安。

## 妙趣横生

清朝同治七年（1868年），江苏考生王国钧荣幸参加殿试，本为一等，但因慈禧太后看见他的名字谐音“亡国君”，大为不满，于是下旨把王国钧的名次降为三等。王国钧后来被派往安徽任知县，但慈禧太后还不解恨，又“议改”，王国钧从县级官员变为教员。直到二十年后，王国钧才因表现突出被选任云南某县县令。

# 心在这里

某地来了一位新任巡抚，有一天，他用家乡话对差役说：“你给我买根竹竿来。”差役误听为“猪肝”，立即到集市上买来猪肝，还自作主张买了一个猪心，满以为巡抚会高兴。谁料巡抚一见，不由大怒，责怪他做事不动脑筋，责问道：“你的心在哪里？”差役忙从衣袖里拿出猪心，说道：“大人，心在这里。”

## 妙趣横生

### ·有“机”可乘·

有一个推销员去广州出差，到广州之后，打算乘飞机回去，便想提前把机票订了，怕经理不同意报销，便给经理发了一条短信：“有机可乘，乘否？”经理以为是成交之“机”已到，便立即回复：“可乘就乘。”

这个推销员出差回来报销差旅费时，经理以不够级别，乘坐飞机不予报销的规定条款，不同意报销飞机票。推销员只好拿出经理当时回复的短信，只见经理目瞪口呆。

# 七两漆

从前，某地在江的对岸，百姓要外出办事，必须坐船过江。江边有个热闹的码头，县官派衙差守住渡口。百姓带什么东西渡河，都要交税。人们都恨透了那个衙差王扒皮。

农户李二决心整一整王扒皮。一天，他特意买了七两漆渡江，王扒皮问他要钱，李二说一分钱也没有。王扒皮便强行拿走了他的七两漆。

李二马上到县衙告状，说王扒皮勒索他八两银子。县官见王扒皮竟敢私吞“税款”，勃然大怒，喝问王扒

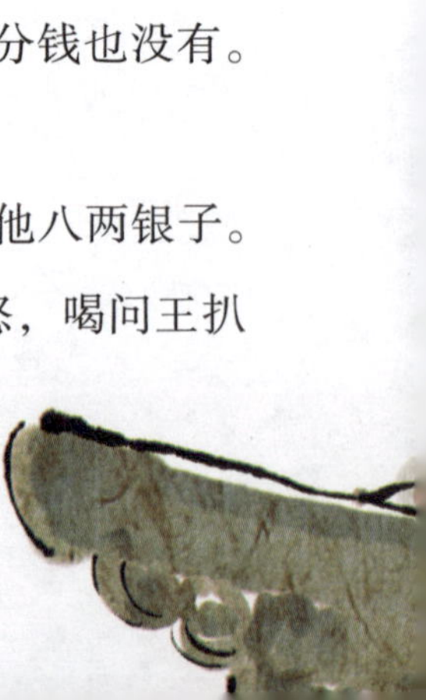

皮：“我正纳闷近日税款为何越来越少，原来是你小子搞的鬼。现在李二告你，你拿了他八两银子！”

王扒皮连忙叩头道：“大人，小人只拿了他七两漆（七）！”县官一听，更为恼火，大声斥道：“七两七还少吗！来人，重打七十七大板！”老百姓听了无不拍手叫好。

## 妙趣横生

**·“卑职小名叫狗儿”·**

古时候，一个靠捐钱做官的县令去谒（yè）见上司。

上司问：“贵治风土如何？”县令回答：“并无大风，更少尘土。”上司问：“百姓如何？”县令答道：“白杏只有两棵，红杏倒有不少。”县令答非所问，上司恼羞成怒，大声斥责：“混蛋，我问的是黎庶。”县令吓得发抖，连忙回答：“梨树多得很，只是结的果子少。”上司哭笑不得，拍着桌子喝道：“我不是问你梨杏，是问你小民！”县令赶紧站起来说：“卑职小名叫狗儿。”上司被弄得啼笑皆非，连连摇头：“狗儿呀狗儿，你真是一条狗儿！”

# 因获“枣桃”得幸免

朱元璋当上明朝皇帝之后，唯恐有人威胁他的帝位，于是便产生了杀灭功臣的念头。

朱元璋经过一番苦想，决定兴建一座功臣楼，然后把这些功臣请到楼上赴宴，借故失火，烧死他们。这样既可推卸责任，又可达到自己心中的目的。

这件事被皇后马娘娘事先得知，她觉得这样做太过残忍却又无力阻止。此时，她首

先想到为大明江山立下汗马功劳的军师刘伯温，本打算派个心腹给刘伯温送信，但又怕泄露消息。于是她想了一个妙计，叫太监给刘伯温送去两盒礼品，一盒“枣子”，一盒“桃子”。

刘伯温接到这两样礼物后十分纳闷，他心想：皇宫里有的是山珍海味，时鲜果品，娘娘为什么在这个时候送这两样平常的东西呢？这其中一定有什么缘由。他想了好久，终于悟出了这“枣桃”竟是“早逃”的谐音。

## 妙趣横生

### ·冰心坐以待“币”·

著名作家冰心晚年深居简出，笔耕不辍（chuò）。

一次，当年一起留学美国的老同学登门造访，宾主相谈甚欢。老同学问她最近写什么大作，冰心不无风趣地回答：“写什么大作，我只是写些回忆性文章或者有感而发的短文，主要是在家里坐以待‘币’哟。”“坐以待毙？”老同学一听颇为惊讶。冰心连忙解释道：“我说的坐以待‘币’是人民币的‘币’。我坐在家里写稿等人家寄稿费，稿费不就是币吗？”

原来如此，老同学不禁哈哈大笑。

# 细布包柑

从前，四川是柑子产地，年年要向皇宫进贡。进贡的柑子个个用纸包裹，既可减少水分蒸发，又可避免碰伤。

有个地方官认为用纸包不够表示对皇帝的尊敬，就改用黄细布包柑子。柑子送走后，他又担心布比纸硬，唯恐柑子布磨坏了柑子外皮，受到朝廷的斥责，惶（huáng）惶不可终日。

恰巧有一天，御史甘子布奉命出京办事，经过这个地方。那个地方官听到“甘子布”三个字，便误认为是朝廷来查问用布裹柑子的事情，顿时大惊失色。

御史甘子布到了后，这个地方官连忙前去迎接，反复解释：“请大人明察，我用柑子布裹柑子，原意是想对皇上表示尊敬，没想到柑子布蹭坏了柑子皮，是下官考虑不周造成的。下官不再用柑子布了，请大人宽恕。”

甘子布听到这个地方官左一个柑子布，右一个柑

子布，心里不高兴，脸就拉长了。地方官偷偷瞅瞅这满脸怒气的御史大人，更是吓得语无伦次：“柑子布是下官出的主意，本意是好的，只是没想到柑子布……”

甘子布听了半天，才知道地方官是检讨用布裹柑子进贡的事，不由得哈哈大笑，说道：“本御史名叫甘子布，不是来追究你用布裹柑子的事情，你别搞错了。”

## 妙趣横生

### ·妙联怒斥大汉奸·

1940 年 3 月，投降日寇的汪精卫伪政府成立，一小撮反动政客大献殷勤，纷纷送贺礼、贺联，一时乌烟瘴气。送来的贺联中，有一副对联是：

昔具盖世之德；今有罕见之才。

正当汪精卫洋洋自得时，有人在旁悄悄提醒，汪精卫才醒悟自己被骂了，却又有苦难言，奈何不得。

原来此联利用谐音，说汪精卫是“昔具该死之德，今有汉奸之才”。

# 巧用谐音教训人

有个青年向一位老大爷问路："老头儿，去幸福村还有多少里路？"

老大爷毫不犹豫地答道："五里。"

青年走了五里左右，又问了一位老大爷："老头儿，去幸福村还有多少路程？"

老人漫不经心地说："五里。"

"又是五里？"小青年纳闷地走了一程，还是问了一位老大爷："老头儿，到幸福村还有几里？"

"五里。"

"还是五里，你们老头儿怎么都说五里五里的？"

"不是我们老头儿无理，是你这年轻人太无礼！"

## 妙趣横生

唐朝宰相杨国忠嫉恨李白之才，总想设法奚落他一番。

一日，杨国忠想出了一个办法，就约李白对三步句。李白刚一进门，杨国忠便道："两猿截木山中，问猴儿如何对锯？"

"锯"谐音"句"，"猴儿"暗指李白。李白听了，微微一笑，说道："请宰相起步，三步内对不上，算我输。"杨国忠想赶快走完三步，但刚跨出一步，李白便指着杨国忠的脚喊道："一马隐身泥里，看畜生怎样出蹄！"

"蹄"谐音"题"，与上联对得很正。杨国忠本想占便宜，反被李白羞辱了一番。

# 写给孩子的

# 汉字故事

## 2

张卉妍 / 著

江西美术出版社
全国百佳出版单位

图书在版编目（CIP）数据

写给孩子的汉字故事 / 张卉妍著 . -- 南昌 : 江西美术出版社 , 2022.10

ISBN 978-7-5480-8714-4

Ⅰ. ①写… Ⅱ. ①张… Ⅲ. ①汉字—儿童读物 Ⅳ. ①H12-49

中国版本图书馆 CIP 数据核字 (2022) 第 125867 号

出 品 人：刘　芳
企　　划：北京江美长风文化传播有限公司
责任编辑：楚天顺　朱鲁巍　　策划编辑：朱鲁巍
责任印制：谭　勋　　封面设计：韩　立　　插图绘制：王　坡

**写给孩子的汉字故事 2**
XIE GEI HAIZI DE HANZI GUSHI 2
张卉妍 著

出　　版：江西美术出版社
地　　址：江西省南昌市子安路 66 号
网　　址：www.jxfinearts.com
电子信箱：jxms163@163.com
电　　话：010-82093785　0791-86566274
发　　行：010-58815874
邮　　编：330025
经　　销：全国新华书店
印　　刷：河北松源印刷有限公司
版　　次：2022 年 10 月第 1 版
印　　次：2022 年 10 月第 1 次印刷
开　　本：880mm × 1230mm　1/32
总 印 张：20
ISBN 978-7-5480-8714-4
定　　价：148.00 元（全 4 册）

# 目录

第四章

## 辨字析词

## ——揭开汉字的多张面孔

第五章

# 汉字典故

## ——历史人物和他们的汉字故事

第六章

## 炼字之妙

### ——画龙点睛的神来之笔

第四章

# 辨字析词

## ——揭开汉字的多张面孔

# 有“贼”形的“赋”

有一个常读别字的先生。一天晚上，他给学生讲苏轼的《赤壁赋》及《后赤壁赋》时，把“赋”念成了“贼”。

恰在这时，有个小偷藏在窗外，听先生大声道：“这《赤（念成‘拆’音）壁贼》呀！”小偷听了大吃一惊，暗想，他们已经知道有贼，不如到后房去偷。

此时，先生讲完课与学生来到后房睡觉。上床后，又与学生谈论起《后赤壁赋》，照样把赋念成贼。小偷正好又在外面听见了，不禁叹息说：“这教书先生真是神通，主人请上这样的先生，连看家狗都不用养了！”

## 辨字析词

“赋”和“贼”字虽然形体相近，但是却有根本上的不同。

“赋”为形声字，从贝，武声。从“贝”，表示与财物有关。本义为“征收”。

“贼”为形声字，从戈，则声。“贼”的读音应该念zé，修订版的《辞源》和《辞海》注的就是这个音，但国家语言文字工作委员会于1985年12月27日公布的《普通话异读词审音表》根据约定俗成的原则将这个字的读音审定为zéi，废弃了zé的读音。贼的本义为“毁坏”。

# 我家老爷不要脸

从前，有个地主曾对服侍他的仆人说：“‘面’字和‘脸’字是一个意思，以后如果要说‘请老爷洗面’，应改为‘请老爷洗脸’，知道吗？”仆人连忙回答说：“知道了！”

有一次，地主到一个财主家祝寿，他大吃大喝了一顿，肚子已经发胀了，偏巧这时厨子又端来了寿面，他便摇摇头表示不再吃了。厨子不大领会。跟随地主的仆人连忙对厨师说：“你快拿走，我家老爷不要脸（面）！”

## 知识链接

**·脸和面的区别·**

甲骨文的“面”字，外部是一张脸的轮廓，中间有一只大眼睛，它的本义即指人的脸。不过在古代，脸和面的含义是有所不同的。脸，最初指颊，即眼与颧（quán）骨之间；而面则指整个头部的前面部分。所以“面”字可引申为泛指前面，又指物体的外表、表面。现又借指面粉。

# 狱囚瘐死

清朝有个大臣叫刚毅，官做到了刑部尚书，学问却马马虎虎。

有一次，他看见监狱送来的报告上面有“狱囚瘐（yǔ）死”的文句，

便提笔把“瘐”改为“瘦”。本来是他自己写错了，他还训斥手下人说：“‘瘐死’真是胡写。你们不识字，还做什么官？以后，再错了，非重重处罚你们不可。”有人悄悄告诉他说：“‘瘐’就是罪犯死在监狱里的意思，这是个形声字。”刚毅听了，仍然狡辩，说道：“罪犯在牢里，由于吃得不好，慢慢瘦下去，死了。所以只能是瘦死，哪儿来的瘐死呢？”

## 辨字析词

瘐，动词，“忧郁”的意思。如：瘐瘐（忧郁之病）、瘐困（疲乏）、瘐弊（囚犯病困）。瘐毙、瘐死是指囚犯在狱中病死。

例如：

今系者或以掠辜，若饥寒，瘐死狱中，何用心逆人道也！——《汉书·宣帝纪》。

那门丁熬刑不过，便瘐死了。——（清）吴趼人《二十年目睹之怪现状》。

# 锡荼壸

相传，清朝名臣张之洞任两湖总督时，有个识字不多、靠拉关系用钱购得的监生前来求官。张之洞学识渊博，用人重才，凡任官，总得事先考查。他查明这个监生并无真才实学，见面后，便命左右取来笔墨纸砚，写下“鍚（yáng）荼（tú）壸（kūn）”三个字，问监生是否认识。

监生随口答道：“锡茶壶（hú）。”张之洞不再下问，立即打发他返回原籍，并予以批文：“能识‘锡茶壶’三字，尚可造就，苦读五年书，再来听遣。”

鍚：简化为钖，为马额头上的装饰物。荼：一种开白花的茅草。壸：古时宫中巷舍间道。壶，壶的繁体字。“鍚荼壸”和“锡茶壶”形体近似，前面每个字比后面多一笔，音、义皆有区别。

## 妙趣横生

相传有个靠捐钱得官的人，被派往河南郏（jiá）县担任县令。此人才疏学浅，却常想入非非，自以为是，认为“郏”是“陕”了，于是直奔陕县赴任。

陕县县令感到十分诧异，但还是热情相迎。待陕县县令接过公文一看，已明白事因，不觉哑然失笑，讥讽道：“陕县若是郏县，那么部员不就成了陪员，杏眼也恐成为呆眼？”可笑那个人竟没有听出讥讽之意。

# 别存草草心

清末，有个叫何秋辇（niǎn）的人。有一天，他接到一位留学生的信，信里把“何秋辇”写成了“何秋辈”，还把“草菅（jiān）人命”写成了“草管人命”。

何秋辇看了信后，连连叹息，说：“读书认字不认真啊！竟然把我的名字也写错了。”他拿了信在房间里踱来踱去，不一会儿，就想出了一副对联：

荸荠共车，夫夫莫作非非想；

菅管同官，个个都存草草心。

他在给留学生的回信里，写上了这副对联。

不久，那位留学生亲自登门道谢，对何秋辇说：“何老伯，过去我总是分不清这些字，看了您的对联，我明白了。”

## 妙趣横生

### ·草菅人命·

民国初年，四川陆军第三镇镇将孙兆鸾（luán），识字不多，却喜爱在大庭广众之下卖弄斯文。

部队要上前线了，他召集士兵训话："我们军人应当丧命疆场，马革裹（lǐ）（应为裹）尸！"

还有一次，他当众宣读布告，竟将"草菅人命"念成"草管人命"。

后来，在一次宴会上，有人为了捉弄他，便写了一副讽联，请他当面指正：

山管人丁水管才，草管人命；

皮裹袍子布裹裤，马革裹尸。

孙兆鸾连称："好得很，好得很！"就在这赞扬声中，爆发出一阵戏谑的笑声。

# 买鸡风波

从前有个姓齐的监生，虽然有钱，却识字不多。有一天，当地太守写了一张条子要买鸡两只、兔一只。差役不识字，就请求齐监生帮忙看看。

齐监生念道：“买鸡两只，免一只。”差役买了一只鸡回来，送给太守。

太守大怒：“条子上明明写着鸡两只、兔一只，为什么只买一只鸡？”差役告诉太守是齐监生说的。太守便把齐监生拘来，关进斋戒库。

监生一进库内，见碑上有“斋戒”二字，以为是他死去的父亲齐成的姓名，因为“斋”的繁体字“齋”和“齐”的繁体字“齊”形近，便大哭起来。别人问他为什么哭，他说：“你看这碑上‘齊成’二字，乃家父姓名！不知是谁将我先人灵位建在此，睹物伤情，怎能不哭？”

太守听说了此事后，一怒之下，革了他的监生功名，让他苦读诗书。

齋戒

## 辨字析词

### ·“折”与“拆”·

在汉字中，“折”与“拆”在形体上只有一“点”之差。就这么一“点”导致“折”与“拆”二字在读音和意义上均有差别。

拆，在书写时，要特别注意这一点，忽略了这一点，会酿成大错。“拆”从“扌”(手)，从“斥”，“斥”亦声。也就是说，“拆”是一个形声兼会意字。“斥”有“裂”的意思，是将东西分开的意思。那么“拆”的本义是用手将东西分开，引申为“拆开、拆散”的意思。“折”字为会意字，从“手”，从“斤”。本义为“断木、断草”，引申为广义的“折断”之意。

# 送礼越重越好

相传，清朝乾隆年间著名的才子庞振坤为人正直而诙谐。在他住的村子里有个财主，贪婪吝啬，搜刮成性。

有一次，财主的老婆生了第八胎，为表庆贺，将于十二天后请客。他令

家丁通知各个佃户，送礼越重越好，不送的不能种田。依照当地习俗，不是第一胎不兴请客，财主却屡屡破戒。佃户们又气又愁，于是找庞振坤想办法。

请客的日子到了，庞振坤领着身背石头的佃户们来到财主家。财主十分气愤，大加斥责。庞振坤声色不动，只是笑道："你不是说送礼越重越好吗？"说完，便与佃户们吃酒席去了。财主气得哑口无言。

## 妙趣横生

**·明天是哪天·**

有一年，庞振坤和几个朋友一起进京赶考，途中住在一家酒店里。当时酒店的大门上写着“明天吃饭不要钱”几个大字。朋友都觉得很有意思，就故意在第二天吃饭的时候点了很多菜。

可等到吃完了饭，店老板还是要收钱。当有人就门上的那些字问店老板时，他竟狡辩说：“我说的只是明天，却没说是从哪一天算起的明天啊！”

聪明的庞振坤觉得店老板的这种做法应该受到惩罚。所以等到下次吃饭，店老板来结账时，庞振坤就对他说：“明天再给。”

连续几天他都这样说。店老板终于沉不住气了。这时，庞振坤说：“我说的只是明天，却没说是从哪一天算起的明天啊！”店老板无言以对。

# 拘泥于古典

明太祖朱元璋登基之后，为酬恩上天，准备祭天，令大臣起草祝词。

起草祝词的大臣在文中以“我、予”等字作为皇帝的代称，没用上“朕”字。

祝词起草完毕，大臣将祝词呈给了朱元璋。谁知，朱元璋看后大怒，以为是轻蔑他，嫌他配不上用“朕”字，打算下旨，将起草祝词的大臣统统杀掉。

这时，文臣中有个叫桂彦（yàn）良的出列，顺着朱元璋的话意指责起草祝词的大臣：

“你们所拟的祝词不合时宜，太拘泥于古典。商朝的成汤在祭天的祝词里自称‘予小子履武’，意思是‘我是你的小儿子，在学走路’；又用过‘我将我飨’，意思是说‘我用酒浆与食物祭祀，请受祭者享用’。事到如今，你们这些儒生竟然还套用商汤时的陈旧词语，把‘予、我’搬进祝文中，以致烦劳皇上谴责，实是罪有应得。”

朱元璋听了桂彦良的一番话，才发现自己少学寡闻，只知其一不知其二，于是打消了加罪起草祝词的大臣的念头，宣布他们无罪。

## 辨字析词

**·“予”和“我”·**

成汤时期，“予、我”多作帝王的自称，这在《尚书》中用得较多，后来转为一般人的自

称。“朕”在秦朝以前，是表通称的第一人称代词，如屈原《离骚》中“帝高阳之苗裔（yì）兮，朕皇考曰伯庸”，其中“朕”便是屈原自指；但是，从秦始皇开始，“朕”被用作帝王的专称，后世相沿不变。

# 枇杷并非琵琶

明代有个叫沈石田的文人，一次收到友人捎来的礼物和一封信。信中说：“送上琵琶一盒，请笑纳。”

沈石田打开一看，里面装的不是琵琶，而是枇杷。他在回信中跟友人开玩笑：“蒙赠琵琶，不胜感激。然开奁

(lián)视之，叩之无声，食之有味。”

这位友人收到了沈石田的回信，知道自己把字写错了，羞愧之余，写了一首诗自嘲：

枇杷不是此琵琶，
怨恨当年识字差。
若是琵琶能结果，
满城箫管尽开花。

## 辨字析词

“枇杷”和“琵琶”读音相同，都读 pípa。但“枇杷”是一种水果，而“琵琶”则是一种弦乐器，意义和写法完全不同。

汉字是表意文字。多数汉字的字形、字音、字义之间是有一定内在联系的。如：“枇”“琵”“杷”“琶”都是形声字。它们有相同的声旁“比”和“巴”，所以“枇”和“琵”读音相同，“杷”和“琶”读音相同。“枇杷”二字的形旁是“木”，表示和树木有关；“琵琶”二字的形旁是“双王字头”，表示两块玉石互相撞击，玉石撞击会发出美妙悦耳的声音。

# 傻女婿拜寿

从前，有个傻女婿，要去给岳父拜寿。临走的时候，妻子嘱咐他说话时要多带个“寿”字。

于是，他到了岳父家，见了蜡烛叫“寿烛”，见了点心、桃子叫“寿糕”“寿桃”，见了面条叫“寿面”。岳父见女婿说话处处带个“寿”字，十分高兴。他正吃着寿面，突然看见岳父

头上有一只苍蝇，傻女婿连忙用手拍过去，一边拍一边还说：“不要怕，我不会拍痛寿头，打伤寿脑的。”

岳父听了他这话，气得手直发抖，一不小心把碗里的汤洒在了新衣服上。傻女婿连忙用毛巾替岳父擦干净衣服，说道：“好好的一件寿衣上浇了汤，怪可惜的。”岳父气得半天说不出一句话来。

吃完了寿面，傻女婿摆弄着桌子上的一个红木匣子，当着岳父的面，赞叹说：“这寿木、寿材真够漂亮的。”岳父听了，气得昏死过去。

## 辨字析词

**·“寿”字的用法·**

傻女婿之所以闯了祸，就是因为他不了解“寿”的含义和用法，不懂“寿”的感情色彩和使用场合。“寿面”“寿桃”是“寿”的正面用法，是吉利的字眼；而“寿头”“寿脑”在吴方言里是“傻头”“傻脑”的意思；“寿衣”“寿木”“寿材”则是指为人死时预备的衣服和棺材。所以，使用时一定要注意词语的感情色彩，在不同的场合用不同的词。

# 媒婆巧说媒

从前，有个姑娘因为缺了一块嘴唇，一直嫁不出去。有一个小伙子因为没鼻子，也娶不到媳妇。虽然他们的相貌有点缺陷，但找对象时都有一个共同的条件：不要残疾的。

有一个巧嘴媒婆计上心来，开始撮合他们俩。

巧嘴媒婆对小伙子说：“这个姑娘没有别的毛病，就是嘴不好。”小伙子说：“嘴不好不算毛病，好好调教一下，慢慢她就会改嘛！”

巧嘴媒婆对那个姑娘说：“这个小伙子什么都好，就是眼下没有什么。”姑娘听了笑笑说：“眼下没什么怕啥，我陪嫁多点儿，以后勤快点儿，就是了。”

巧嘴媒婆见双

方都同意，于是要他们把自己说的话写下来，省得以后有麻烦，口说无凭。

新婚之夜，真相大白。双方都指责媒婆骗人。巧嘴媒婆拿出字据说："我不是对你们说了'姑娘嘴不好，小伙子眼下没有什么'嘛，怎么能说我骗人呢？"姑娘和小伙子才恍然大悟，但木已成舟，又有什么办法呢？

## 知识链接

### ·何谓多义词·

有两个以上意义的词叫多义词。多义词是一词多义，几个意义之间往往有联系。多义词是"单义词"的对称。多义词是具有几个彼此不同而又相互关联的意义的词，这些意义同属一个本义或基本意义的引申意义。人们在生活中要反映日趋复杂的客观现象，就不可避免地要用原有的词来表示相关的其他事物，使新旧词义并存。多义词大多是一些和生活关系最密切的常用词，以动词、形容词居多，以单音词居多。多义词在使用时，在一定的上下文中一般只表示其中的一个意义。在比喻、借代等修辞中，多义词因其"多义"的特点，可以起到很好的表达效果。

# “缄”为何意

有一姓马的人，儿子叫马小明。马小明 18 岁后，到外地当兵，到了部队稍作安顿，他就给家里写了一封信。待到要邮寄时，发现别的新兵在信封上的落款处写着“王缄（jiān）”“李缄”。“缄”在这里是“封口”的意思，马小明不懂，想问别人，又怕被人笑话；想着别人都写了，干脆自己也照写吧，就写上“马缄”。

父亲收到信后，先是一愣，以为寄错了，后来看到字迹是儿子的，心想：这小子怎么刚进部队就改了名？看信时，落款处仍是马小明，想了半天，忽然醒悟：准是部队里讲究起个新名，于是回信时便在信封上写了“马缄”收。

这样过了一个月，父亲给儿子写了三封回信，均因“查无此人”而被退回。看着一封封被退回的信，想着儿子信中埋怨父亲不给他回信的话，父亲想不明白问题出在哪里。

第四封信封上写着“马缄”收的信送到新兵连，被细心的指导员发现了，他见地址和连队唯一的一个姓马的新兵马小明家的地址一样，猛然闪出个念头，让通信员送了去。马小明见到父亲那熟悉的字迹，急忙拆开，映入他眼帘的是："缄儿，我给你已经去了三封信，都因'查无此人'而被退回……"马小明看到这里，全明白了。随后赶到的指导员耐心地为马小明讲述了"缄"的意思。听完后，马小明表示要在部队里好好学文化。

## 辨字析词

### ·信封上"缄"字的由来·

信封上何以写上"缄"字？溯其源，"缄"，原来是捆箱子的绳，《说文解字》中记载："缄，束箧（qiè）也。""箧"即箱子之类的东西。"缄"又引申为"封"，指的是把公文或书信密封上，使内容保密。

另外，缄由"捆"引申为"封"，与古代的公文书信有关。东汉前，公文、书信多写在木板或竹简上，叫"札"，并用绳子捆上，绳子打结处再加一块泥，然后在泥上盖印章，以防被拆，叫"封泥"。用绳子捆叫"缄"，用泥盖印叫"封"，解开绳子叫"开缄"。"缄"和"封"的目的均为保密。

# 吝啬相伴

从前，有两个人，一个称吝先生，一个称啬先生。

有一天，吝先生去城里办事，路遇啬先生，二人谈得十分投机。临别时，彼此相约，中秋佳节，两人一起赏月；还商定，吝先生带酒，啬先生备菜。

中秋之日，天高气爽，两人依约前往指定地点。这两人都是有名的小气鬼，之前虽言定各备一物，可是谁也不愿花一文钱，也都顾不得什么信誉了。见面后，他们见对方都是两手空空，不觉大笑，但都镇定地坐在石桌旁。

吝先生先站起来，他用手做成一个杯的形状，遥指高空，高声说道：“月光如水，水如清酒，请啬兄开怀畅饮！”啬先生也毫不示弱，随即伸出两个手指当筷子，指着荷塘缓缓地说：“池中游鱼，鱼便是菜，请吝先生大饱口福！”

吝先生做出喝酒的模样，自夸道：“好酒，好酒！杜康也要逊色三分。”啬先生也假装吃菜的样子，说：“好菜，好菜！山珍海味也无法相比。”

过往的游人见他们俩荒唐可笑的举动，无不笑得前仰后合。其中有一位游客认识吝、啬二人，于是风趣地挖苦道：“你们喝的是吝啬酒，吃的是吝啬菜，活着是吝啬人，死了是吝啬鬼，吝啬相伴，永不分离！”

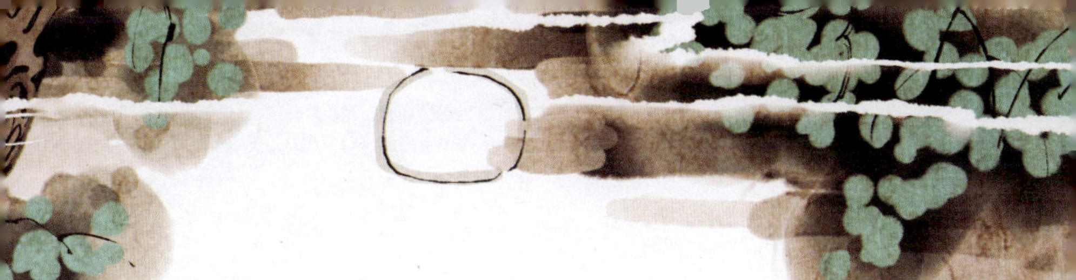

## 知识链接

**·何谓联绵词·**

在汉语中，有一种词叫联绵词。所谓联绵词，就是由两个音节连缀成义而不能分割的词。它们或有双音、叠韵的关系，如“玲珑”“徘（pái）徊（huái）”“窈（yǎo）窕（tiǎo）”“磅（páng）礴（bó）”；或无双声但有密不可分的关系，如“蜈蚣”“胭脂”“妯（zhóu）娌（li）”；或同音相重复，如“白白”“津津”“脉（mò）脉”等。

# 武则天谈文论字

相传，唐朝女皇武则天很有才学，对文字也有所研究。一次，她对群臣说：“我发现，射字由身、寸构成，一个人身高只有一寸，这不是矮字吗？矮字由矢、委构成，委原是‘发放’之意，把矢（箭）发放出去，这不是射吗？所以我说，矮、射两个字应该互相调换过来使用，大家说对吗？”

群臣听了，齐声称赞圣皇英明。

射矮

## 辨字析词

**·“射”和“矮”·**

“射”在金文中是个由弓、矢、手三部分组合成的会意字，意即箭搭弓上，以手发射，故其本义是“射箭”。“矮”字右边“委”的甲骨文形体是一个跪在地上的女奴隶手拿一蔸（dōu）干枯蜷曲的禾的形象，禾稻枯萎蜷缩，比茂盛挺拔之时显得短小；矢加委，表示枯萎的禾只有一箭之长了，故矮的本义为“短小”。

# 两手准备

1858 年 10 月，太平天国前军主将陈玉成奉天王洪秀全之命，攻打六合（今属江苏省南京市）。当时据守六合的江苏知府、江苏候补道温绍元，写下了“城在臣在，城亡臣亡”等豪言壮语，呈报咸丰皇帝，以示坚守城池、效忠君王的决心。与此同时，这个所谓的“忠臣”又在六合城挖掘准备逃跑的暗道。

## 辨字析词

**·两种理解·**

“城亡臣亡”中前一个“亡”指“丢失”；后一个“亡”可释为“死亡”。

第五章

# 汉字典故

## ——历史人物和他们的汉字故事

# 孔子占卜

相传，孔子的学生子贡外出久久不归，孔子和其他学生在家中为他着急。于是孔子卜了一卦，结果得了一个鼎卦："无足。"大家看着这个卦象，忧心万分，认为"无足"二字说明子贡再也不会回到他们的身边了。

大家正在惊恐之际，颜回却在一旁偷偷地笑。孔子看见了，问道："颜回，你的意思是子贡会回来吧！"颜回点点头说："老师，正是这个意思。"孔子不解地

追问道：“你是怎么理解‘无足’的呢？”颜回说道：“所谓‘无足’，是说子贡要坐船回来，不用步行，我看他很快就会回来了。”

第二天早上，子贡果然乘船回来了，应验了颜回说的“无足”二字的意思。因为“乘舟而来”，暗示了一个“歬”（qián，古同“前”）字。

## 说文解字

在“前”字的甲骨文、金文、小篆的写法中，“前”字看上去都像人在船上，自然是乘船而去，不用步行。这是“前”的本义。

# 五谷丰登的“年”字

春节起源于殷商时期的祭神祭祖活动。我国古代先民经过一年的辛勤劳动，在岁尾年初之际，便用他们收获的农产品及打的猎物来祭祀众神和祖先，以感谢大自然的赐予，这就是“腊祭”。

农历正月初一是春节，又叫阴历（农历）年，俗称“过年”。关于过年的来历，民间还有一个传说：古时候，有一个叫“年”的凶猛怪兽，每到腊月三十，便串村走户，觅食人肉，残害生灵。

一个腊月三十晚上，“年”到了一个村庄，适逢两个牧童在比赛甩牛鞭子。“年”忽闻半空中响起了“啪啪”的鞭声，吓得望风而逃。“年”又窜到另一个村庄，迎头看见一家门口晒着件大红衣裳，它不知其为何物，又吓得赶紧掉头逃跑。后来，“年”又来到了一个村庄，朝一户人家门里一瞧，只见里面灯火辉煌，刺得它头昏眼花，只好又夹着尾巴溜了。

由此，人们摸准了“年”有怕声响、怕红色、怕光的弱点，等下一次“年”再来的时候，人们便燃起晒干的竹子，贴上红字。后来，又逐渐演化成放鞭炮、贴对联等过年的风俗。

## 说文解字

甲骨文、金文中的“年”字，像以人负禾的形状，又像庆丰收舞蹈的形态。后来“年”字字形变化很大，但意义变化不大，禾熟为年。卜辞里“年”“禾”二字还可以通用。现今二字虽不通用，但关系十分密切。所谓“年成、年景”，都是指谷物收成的。“人寿年丰”“丰年”中的“年”都是指农作物的收获。

# 秦始皇发明“秦”字

在秦朝之前，是没有“秦”这个字的，秦朝的国号当时写作“栗”。据说，“秦”这个字是秦始皇造出来的。

秦始皇灭六国之后，倨（jù）傲得意。一天，他突然觉得国号“栗”字不好，要找一个字代替“栗”。突然，他瞥（piē）见案头的史书《春秋》。秦始皇想，《春秋》里写的是秦朝的天下，秦朝要占“春秋”的一半。想到这里，秦始皇便用“春”和“秋”的各半边字合在一起，写出一个“秦”字，然后传令下去，将国号“栗”改为“秦”。从此，“栗国”就成了“秦国”。

## 说文解字

秦始皇统一文字，确实是一大功绩，至于发明“秦”字，只是传说而已。“秦”字的最初写法，历史上难以查到，按照“秦”字的小篆写法，上面像杵（chǔ）形，两边是双手，下面是“禾”字，意思是“双手举杵舂禾”。因秦地多种禾谷，这是创造秦字的基础。

# 神农氏发现茶

传说神农氏时代，人类渐渐增多，人们靠打猎难以获得足够的食物。加上当时什么食物都吞咽，因此人们时常会闹病。神农氏为此十分担忧，下决心要找到可以帮助人们消化食物的方法。

传说中神农氏的肚子是透明的，肝脏、肠、肺等全能看得一清二楚，吃下去的东西也能看出它的消化情况。他就凭着这个肚子，看吃下去的东西会发生什么变化。于是，他开始尝百草了。

神农氏准备了两个口袋，一个放在左边，一个放在右边。能吃的东西放在左边的口袋里，作为食物；不能吃的东西放在右边的口袋里，当作药物。

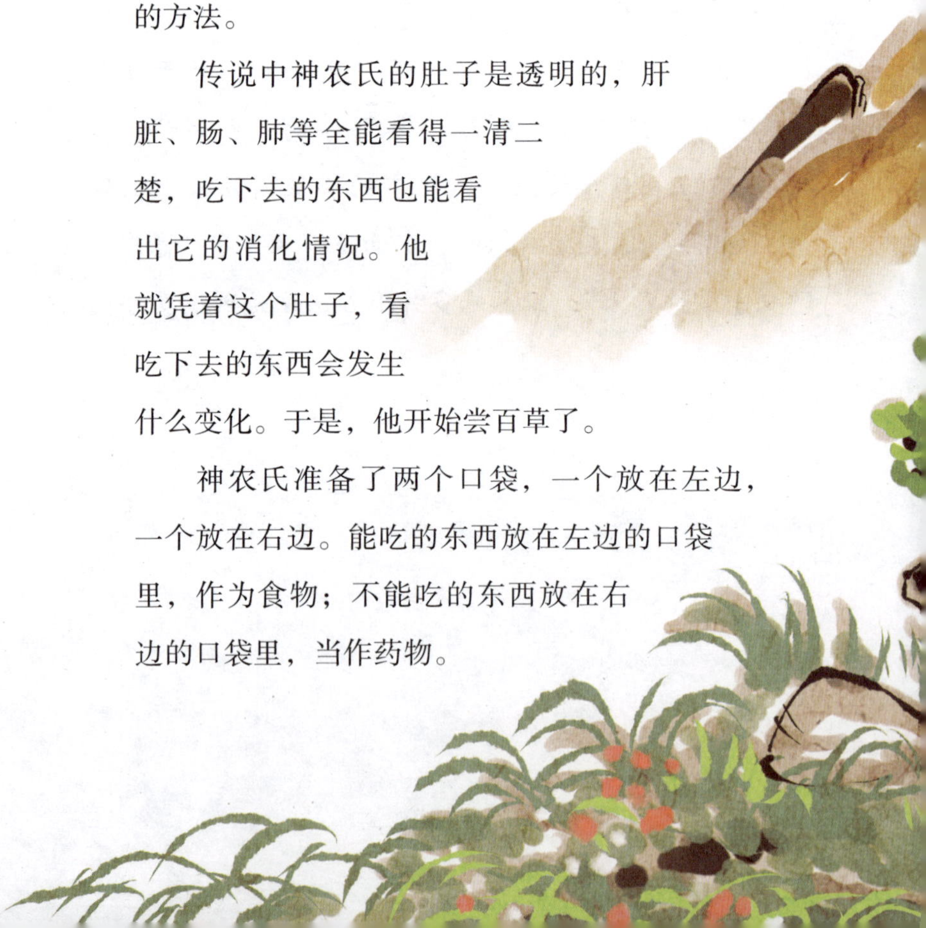

他尝了一片嫩尖的绿叶，发现它进肚子里后，把肚里的各部分洗擦得干干净净。神农氏把这种东西称作“查”，后来人们就叫它为“茶”。茶在中国历史悠久，到了商汤时代，人们已经开始普遍饮用茶了。

## 说文解字

在古代史料中，茶的名称很多，但“茶”是正名，“茶”字在中唐之前一般都写作“茶”字。“茶”字是一字多义，表示“茶叶”是其中一项。由于茶叶生产的发展，饮茶的普及程度越来越高，茶的文字的使用频率也越来越高，因此，为了将茶的意义表达得更加清楚、直观，民间的书写者就把“茶”字减去一画，成了现在我们看到的“茶”字。“茶”字从“茶”中简化出来始于汉代，古汉印中，有些“茶”字已减去一笔，成为“茶”字之形了。

# “醋”字的产生

关于“醋”字的产生，有两种传说：

相传在远古时期，夏代杜康的儿子叫黑塔。成年后的黑塔带领部下东迁到现在的江苏靠近长江的镇江市一带定居下来，并在长江边上开设了一家酿酒的作坊。

当酒糟用水泡至21天后，他打开缸盖，突然一股香味扑鼻而来。他一尝，感到这种东西又酸又甜，与酒不同。他想给这种物质取个名字，想了想，这东西是用酒糟经过21天后才制成，于是他用“二十一日”即“昔”字，再加上“酉”字造了一个“醋”字，以此字作为这种又酸又甜的物质的名称。自此，镇江的醋闻名遐（xiá）迩（ěr），直到现在，镇江的醋仍然是以21天为一个酿制周期。

另一个传说是杜康造酒时，将酒糟浸在缸里，21天后的酉时（下午5至7点），他揭开缸盖，一股香味扑鼻而来，再尝尝缸里的水，香喷喷、酸溜溜、甜滋滋，味道真好。于是，杜康又照此制作，并把它推广开来。后来，造得多了，得有个专名才好。杜康想了许久，猛击一下脑门，这是二十一日酉时成功，“二十一日”加上“酉”不就是“醋”字吗？那就叫作醋吧。

## 说文解字

在我国古典文献中，醋本作“醯”（xī）或“酢”（cù），曾被先人称为“苦酒”。最初的制法是用麦曲使小米饭发酵，生成酒精，再借醋酸菌的作用将酒精氧化成醋酸。先秦时，醋还是一种贵重的调味品，汉代才渐渐多起来。

从结构来看，“醋”字的左边为“酉”，“酉”本为古代的盛酒器，此处指酒。它说明了“醋”与酒有关，或者说“醋”是酒类物质。右边的“昔”字，据许慎说为声符。因此，人们认为“醋”为形声字。

# 刘半农发明“她”字

1918年8月，周作人在《新青年》的一篇译文按语中透露了刘半农的一个设想：白话文兴起，再加翻译介绍外国文学作品骤（zhòu）增，第三人称代词使用频繁，都笼统地用一个“他”字，语言表达很不方便。刘半农便提出用“她”字来作为女性第三人称代词。他还写了一首别开生面的歌词《教我如何不想她》。后由语言学家赵元任谱曲，经百代唱片公司灌制唱片发行，成为当时流传甚广的一首歌曲。歌词中将“她”作为女性第三人称代词使用，为人们所接受。

据说有位十分喜爱这首歌曲的青年竟然猜想，作者一定是位风流倜（tì）傥（tǎng）的才子，很想一睹风采，便到赵元任家去探问。恰好刘半农也在，赵元任就向那位青年介绍道：“这位就是刘半农先生。”这位青年看到刘半农颇具老态，出人意料地惊呼：“原来是个老头啊！”惹得满座大笑。后来，刘半农为此事还风趣地写了一首打油诗：

教我如何不想她，请进门来喝杯茶。

原来如此一老叟，教我如何再想他！

## 说文解字

“她”字成为女性的专用字，是刘半农第一次从文化上将妇女从男性的附庸中解放出来，显示了妇女的独立性。从“她”字的结构来看，左边是“女”，代指“女性”，而右边的“也”是声符也是意符。

《说文解字》：“也，女阴也。”即“也”是女性生殖器的象形字，因此，“也”再加上“女”，构成“她”，为会意字。

# “福”字为什么要倒着贴

新春佳节，人们喜欢在门、窗上倒着贴几个大大的“福”字，以祈求吉祥。“福”字倒贴的习俗源于清代。

有一年春节前夕，清朝的恭亲王府正忙着布置府院，准备迎接新年。王府的大管家像往年一样，写了几个大大的“福”字，让人张贴到门上。可是，有一个下人不识字，竟然把“福”字贴倒了。

恭亲王福晋看见后，十分恼火，要惩罚那个下人。大管家是个能说会道的人，怕福晋怪罪下来牵连自己，赶紧跪在地上讨好地说：“奴才经常听人们说起恭亲王寿高福大，您瞧，今天福真的到（倒）了。福倒福到，这是天意，乃吉祥之兆啊！”恭亲王福晋听他如此一说，转怒为喜，也免去了对那个下人的惩罚。

后来，这个风俗就逐渐流传开来，人们都将“福”字倒着贴，贴上还要说几遍“福到了”以图吉利。

## 说文解字

甲骨文的“福”字左半部上面是酒坛子的象形字“酉”字，“酉”是装酒的器皿；左半部下面是两只“手”（又），表示双手捧着一个酒樽。右边为“示”，本为“灵石”。可见“福”的意思是将一坛酒供在神主面前以祈求保佑，这就是“福”的本义。后来，“福”字的字形演变为左边为“示”，右边为“畐（fú）”，“畐”的本义是“满”，即酒满。又由于“畐”是个大肚酒壶，其中斟满了酒，从而引申为“富贵、福相”。

# 杨修猜字

三国时，杨修在曹操部下任主簿，他是个聪明过人的谋士。曹操曾经派人建造了一座花园，修建竣（jùn）工后，曹操亲自来查看。曹操看后，一言不发，只向手下的人要了笔墨在门上写了一个“活”字后，便拂袖而去。

此时，在场的人都摸不着头脑，不了解曹操此举的用意是什么，于是他们请来杨修。杨修看后解释说：“曹相国的意思不是很清楚嘛！他嫌门太宽了，因此在‘门’上写了一个‘活’字，这就是‘阔’。”众人一听，都

说有道理。后来，这个花园重新改建后又请曹操来看，这次曹操果然满意了。

## 说文解字

《说文解字·门部》:“阔，疏也。从门，活声。”“疏”就是“疏远”的意思，引申为“宽广”“宽大”的意思。“活”有“活动、灵活”的意思。

《说文解字·水部》:“活，水流声。”由于“活”为流水声，有人认为流水为“活”，因而将“阔”的意思会意为“水从门前流过”。

# 凡鸟不是一般的鸟

魏晋南北朝时，著名文学家嵇（jī）康有一个好朋友叫吕安。

有一次，吕安跋山涉水来拜访嵇康，不巧嵇康出门在外，并且还得四五天才能回来。因此，吕安打算不等嵇康回来，立即回家。此时，嵇康的哥哥嵇喜再三挽留吕安，可他还是要走。临走时，吕

安在嵇喜的门上挥笔写了一个“凤”字。嵇喜看到这个“凤”字，认为客人在恭维自己为“鸟中之王”，因而非常高兴。

后来，嵇喜将此事告诉了一位朋友。那位朋友告诉嵇喜说：“凤，从鸟，凡声。客人在讥讽你是一只

‘凡鸟’，不屑与你交谈，因此就走了。”经朋友这一解说，嵇喜才恍然大悟。

## 说文解字

“凤”是古代传说中的一种神鸟。“凤”的繁体字写作“鳯”，由“凡”字加上“鳥”字构成，从鸟，凡声。“凤”是杂糅（róu）了许多动物特点，想象出来的一种禽鸟。

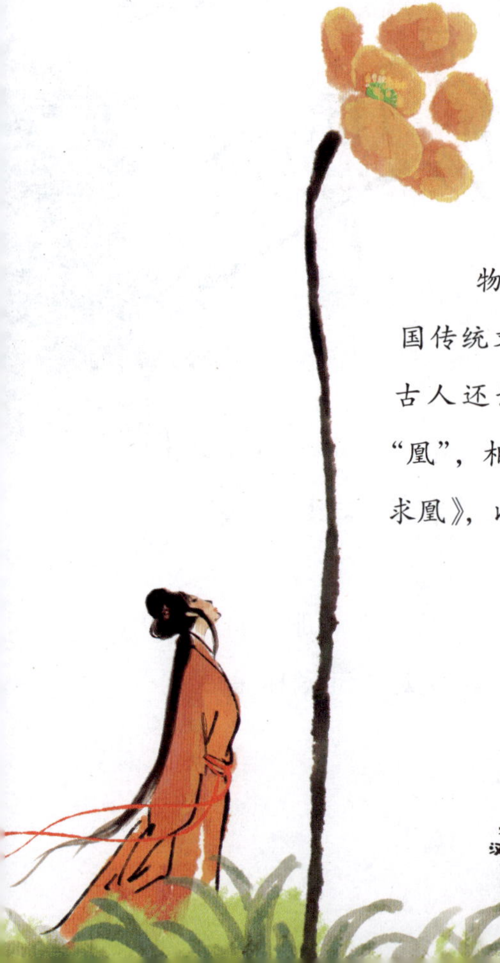

古人认为，“凤”出现是天下安宁的吉兆，将“凤”塑造成一种瑞鸟。由“凤”与“龙”这两种动物构成的“龙凤”文化，是中国传统文化中极为重要的一项内容。古人还认为雄凤叫“凤”，雌凤叫“凰”，相传司马相如曾演奏乐曲《凤求凰》，以此俘获了卓文君的芳心。

# 一字千金

在陕西省西安市的碑林中，有一块非常特别而且有名的石碑，叫作《圣教序》碑。碑文内容是唐太宗为曾去西天取经的玄奘（zàng）和尚撰写的，字是大书法家王羲之的手笔。若不深察，参观者只会觉得碑文内容书法俱丰，细考究则会发现，唐朝开国是在公元618年，比王羲之逝世晚了两百多年，唐太宗的文章怎么会由王羲之挥毫抄录镌刻呢？

这是主持刻字建碑的那位怀仁和尚的功劳。他崇敬玄奘，又以唐皇太宗能亲自撰写碑文为荣，更喜爱王羲之的书法。于是，他征得各方同意和皇上的恩准，便从王羲之以前留下来的书法墨迹中集字，凑成了这块《圣教序》碑。

从遗墨中找齐碑文所需之字谈何容易？怀仁和尚呕心沥血翻查无数王羲之的书法作品，最后仍欠几字，他只好奏明圣上，唐太宗颁发告示，谁选到一字送来，即赏千金，这样终于集齐了全部碑文。

## 妙趣横生

明朝崇祯（zhēn）帝在位时，曾让宦官装扮成普通百姓，去前门找一位占卜异常灵验的测字先生问国家前程。

宦官随口说测个 yǒu 字。先生在纸上写了“有”，说道：“大明江山不保矣！‘有’是‘大’字去掉一捺，‘明’字去掉‘日’而成，暗示大明江山已丢了一半。”宦官一听不吉利，马上改口说他要测的是朋友的“友”。先生面色沉重地说：“‘反’字出头，朝不保夕啊！”宦官又改口说，他说错了，原本想测的是酉时的“酉”。先生摇摇头说：“九五之尊割头去尾，倾覆在即啊！”

其实，测字先生是起义军假扮的，崇祯帝得到回话，认为天意如此，便彻底失去斗志了。

# 王安石发明“囍”字

人们结婚的时候，为了表示对新人的祝愿和增加喜庆的气氛，一般会在红纸上写个大的“囍（xǐ）”字贴在墙上。

相传，“囍”字是王安石发明的。王安石是北宋时期著名的文学家。他年轻时上京赶考，路过马家镇时，看见马员外家门外的走马灯上写着这样一句上联：“走马灯，灯走马，灯熄马停步。”王安石不禁拍手叫好，却因赶考，没有停留细想下联。

到了京城考完试后，主考官面试考生。轮到王安石时，主考官指着厅前的飞虎旗念道：“飞虎旗，旗飞虎，旗卷虎藏身。”并要王安石对出下联。王安石脑子灵光一闪，“走马灯，灯走马，灯熄马停步”脱口而出。主考官听后连声称赞。

王安石赶考回来，又经过马员外家，便用主考官出的上联来对马员外出的对联。马员外闻听大喜，当即将女儿许配给王安石。原来，那走马灯上的对联是马员外女儿的选婚联。

王安石新婚大喜之日，正巧也传来金榜题名的好消息。喜上加喜，王安石提笔便在纸上写下“囍”字。王安石捡来两联，一应主考，二获娇妻，双喜临门，“囍”写便被传开来。

## 说文解字

“喜”在甲骨文中，上面部分像一把“鼓”，下

半部分是“口”，整个字像笑得合不拢嘴的人以击鼓的方式表达心中的喜悦。“喜”的本义是“高兴、快乐”，又可引申为“喜爱、喜欢”。“喜”字还与人们的生活息息相关，常指喜庆的事。人们还常把一些美好吉祥的愿望寄托在某些事物上，例如“喜鹊报喜”。

# 鲁迅造“猹”字

20世纪30年代，苏联有位翻译家准备将鲁迅的《故乡》译成俄文，不料发生了困难。原文中有一段写着：

“有一个十一二岁的少年，项带银圈，手捏一柄钢叉，向一匹猹（chá）尽力地刺去，那猹却将身一扭，反从他的胯下逃走了。”

这个“猹”是一种什么动物呢？他查阅了不少有关动物学的书籍，但终无着落。对于猹，不仅外国人陌生，我国也有许多人不知道，连怪字最多的《康熙字典》上也没有。

天无绝人之路，苏联翻译家辗（zhǎn）转问鲁迅，不久便得到了答复。这个“猹”字原来是鲁迅先生创造的，因而过去的字典上查不到；“猹”与“渣”音相同，大概是“獾（huān）”一类的动物。

因为猹喜爱吃瓜，为预防它侵犯瓜田，所以农民必须守夜看瓜，方可确保丰收。

## 说文解字

猹似獾，又非獾，往日字典皆无记载，为适应需要，解决有物无名的矛盾，于是鲁迅依“形声法”创造了“猹”字，并得到了社会的认可，被正式收入了字典。

# 武则天的名字

唐朝女皇武则天时期，有个叫宗秦客的，凭借他是武则天亲戚的特殊身份，担任凤阁侍郎（掌管宫廷门户、随从皇帝）的要职。宗秦客为了讨好武则天，挖空心思，特地新造了十二个字进献武则天。

武则天得悉宗秦客特为自己造字，满心欢喜，立即召见了他。宗秦客迎合了她喜欢标新立异，爱好改字、造字的癖（pǐ）习。她在称帝后，有的臣子经常向她进献新字，而

且还说造了新字可以显示国家大治。

宗秦客向武则天进献新造的十二个字中有“曌（zhào）”字，武则天非常欣赏“曌”字，就用它作为自己的名字。

## 说文解字

“曌”，一般人很少认识它，它是我国历史上唯一的女皇帝武则天的专用字。据《集韵》所释，“曌”的意思为“明”。“曌”字上部为“明”。“明”由“日”和“月”组成，表示武则天像日月一样，永远熠（yì）熠生辉，光照大地。其下为“空”字，“空”指无边无际的天空。“明”和“空”所含的意思是“日月当空，普照大地”。可见武则天名字所用的“曌”字并非只是“明”的意思，其意义更丰富。

# 苏轼巧贬方丈

苏轼被贬岭南期间，有一次外出游山，忽然看见一个小和尚满眼泪水地跪于寺旁。他上前一问，才知那小和尚不慎打碎了油灯，所以方丈才要他罚跪。苏轼心想，出家人应以慈悲为怀，对徒弟怎么能如此苛刻呢？于是他准备进寺里见方丈。

方丈见苏轼来访，不禁大喜，要苏轼留个墨迹。苏轼提出要那个小和尚替他磨墨舒纸，他才愿意动笔。方丈听了，立即照办。苏轼提笔写了一副对联：

一夕化身人归去；千八凡夫一点无。

方丈以为此联是赞誉自己年高德劭（shào），便叫人将此联刻于门上，以此炫耀。

有一天，佛印和尚云游至此，见了此联不禁仰天大笑。方丈问其故，佛印说：“这是在骂你呢。上联隐‘死’字，下联隐‘秃’字，合为‘死秃’两字。”方丈听后，气得火冒三丈。

苏轼上联的“一”字加“夕”字，再加“人”，即为“死”。古人谓“人死”叫“回老家”，因此叫“归去”。下联是“千”字加“八”字，再加“几”，就是“秃”。和尚均为光头，人们贬称“死秃”。

## 说文解字

从构造上看，“死”字的左边是“歹”（è），朽骨。朽骨此处代指死者。右边看上去像是一个人跪倒在死人旁痛哭、祭奠，也就是“凭吊死者”的意思。由此可知，“死”字是借活人跪在死人旁凭吊的情形，传达出有人死了的信息。

《说文解字·歺部》：“死，澌也，人所离也，从歺，从人。”“澌”就是“尽”的意思，表示人的生命的终结。

由于人死了以后，尸体就僵硬了，不能动了，所以“死”便引申出“死板”“不灵活”的意思。

# 刘墉测字

清朝乾隆年间，刘墉被派到南京主持破获“一枝花”的“谋逆造反”大案。为了侦察情况，他乔装成一个算命先生，在市井中给人测字算卦。

一天，一个二十几岁的青年来找他测字。刘墉对他有一定的了解，他是“一枝花”集团中的一员干将，武艺高强。他虽入迷途，但心地善良，刘墉想让他迷途知返。这个青年随手写了一个“休”字，递给刘墉，说道：“请先生测测我的生平。”

刘墉郑重其事地说：“按这个‘休’字来看，其意吉凶参半。‘休’乃一人依木之象，草木属阴，看来先生幼年早孤，家中只有孀（shuāng）母与你相依为命，可是否？”

青年不禁一惊，钦佩地点了点头。刘墉接着说：“木乃东方青龙之象，一人依木原是开发之象，只是木属阴，属静，令堂贞静贤惠，只是口齿不便利。”

青年听罢，想到自己聋哑的母亲为了养育自己所付出的艰辛，不禁潸（shān）然泪下：“先生说得都对，请继续断。”

“请莫怪我直言，这‘休’字不成‘体’，恐怕你小时候不成体统，是个浪荡儿。但‘休’有‘止’的意思。何时而止？‘休’可拆十八成人。十八岁以后，你才立志改过，浪子回头。可惜此时令堂人已就木了。”那个青年此时已是泪流满面。

刘墉看他如此，说道：“你不必难过，将来必有后福，可报先慈于地下。”

“何以见得？”青年激动地问。

刘墉把纸递过去道：“请看纸的背面。”青年把写着字的纸翻过来，端详片刻，竟然是一个“兵”字。

刘墉说：“‘兵’字原是立人之象，你既不在行伍，则是个谙（ān）熟兵刃的好汉，必定身有武功。你再

看：这‘兵’字实系横倒之‘木’，人卧倒木之上，虽树倒，而先生自可无恙。后半生的事业恐在其中了。”

后来，青年投降了朝廷，在刘墉手下办差，成为他的一名得力干将。

## 说文解字

“休”是个会意字，甲骨文左边是个背朝树的人，右边的“木”是一棵树，表示“人靠着树休息”的意思。“休”的本义是“歇息”，由“歇息”之义可以引申出“停止、完结”的意思。“休”又可虚化为副词，表示否定，相当于“不”“不要”。“休”还有“美好、喜庆、吉利”等含义。

# 溥仪缘何自称“青巾”

溥仪是清王朝的最后一位皇帝，曾称自己为“青巾”。清朝灭亡后，他迁居天津张园。一天，溥仪扮作落魄文人，到天津一个商铺云集的地方卖字。他挨户给店主写对联，以此索取酬金。虽然他的字写得很好，但店主们都不认识他，又见他衣衫褴（lán）褛（lǚ），写一副对联只给三五个铜板，并且他一走开，有的人就将对联撕得粉碎投到纸篓里。

一天下来，溥仪尽管写了七十几副对联，却所得无几。第二天，溥仪派人回收自己的对联，一副完整的对联以百枚银圆赎回。众店主觉得很奇怪，见对联上落款为“青巾”，于是就打听“青巾”的墨迹为何这样值钱。

有人将实情说了出来：“‘青’取于‘清’字的右边部分，‘巾’取于‘帝’字的下边部分，‘青巾’就是‘清帝’的省写。”此时，店主们才恍然大悟，忙将撕碎的对联精心补裰（duō）起来，视为珍宝。

## 说文解字

《说文解字·水部》:“清,朖(lǎng)也,澄水之貌。从水,青声。”段玉裁注:“朖者,明也。澄而后明,故云澄水之貌。”按照许慎和段玉裁的解释,“清”的本义是“将浊水变清”,又因浊水变清水洁净而透明,因此“清”便引申出“明”“明亮”的意思。

还有不少学者认为“清”字由“水”加“青”构成,“青”有“清澈”“透明”的意思,所以,“清”的本义是“清澈的水”。由于“清水”有洁净、无杂质的特点,所以又引申出“纯洁”“洁白”“廉洁”“头脑清醒”等意思。

# 秦观猜谜

传说苏轼的妹妹苏小妹很有才华，嫁给了大词人秦观。一天，苏小妹对丈夫秦观说：“我作了一则字谜，看你能不能猜出。我的谜面是：两百齐相投，四山环一周，两王住一国，一口吞四口。”秦观想了很久也没有猜出，只好跑到苏家，向苏轼求教。

秦观来到苏家，苏轼正好在用饭。秦观说明来由及字谜，苏轼不禁大笑。过后，他也没有说出苏小妹的谜底，而是叫厨子烧了一盘西湖醋鱼端上来。席间，苏轼动手将鱼的头和尾去掉，留下中段，然后指着鱼身

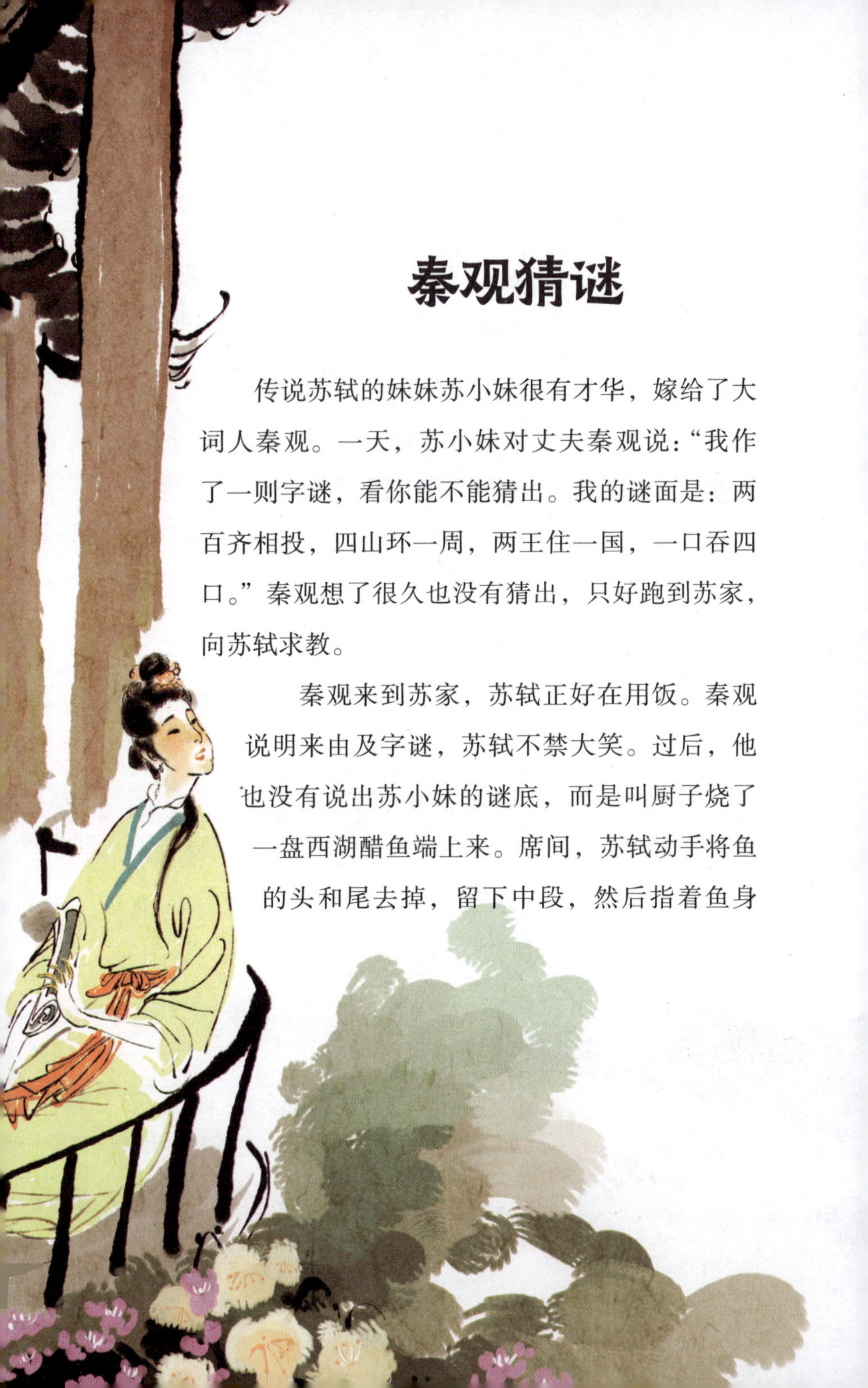

说："这就是谜底！"秦观恍然大悟。原来，"鱼"字去头去尾即为"田"字。

秦观连忙道谢，急奔家中将谜底说出。

## 说文解字

"田"，象形字。"田"字外面的大方框，即"口"，表示田地周围的道路或田界，它标明这块土地的范围。"田"的本义是"种庄稼的土地"，即农田。

《说文解字·田部》："田，陈也。树谷曰田。象形。十，阡陌之制也。"所谓"树谷曰田"。即"田"是种庄稼的土地，讲的是"田"的本义。所谓"陈"，段玉裁认为"陈列之整齐谓之田"。因为"田"中纵横交错的小沟及一块块的土地排列整齐，因而"田"字便引申出"陈列""整齐"的意思。

# 无家不成家

相传，明太祖朱元璋一次微服私访，在一个村子里看见一个民妇在喂猪，便笑了一下，随从的小太监误认为是皇上看上了这位女子。

回到宫内，马皇后询问皇上微服私访的情况，小太监就把此事如实禀报。皇后

赐给他金帛，让他把那个妇人召来侍奉皇上。

朱元璋看了又看，摸着头说：“这个女人我好像见过。”皇后说：“就是前天在村里喂猪的那个女子，我以为皇上喜欢她，所以就召进宫来侍奉皇上。”

朱元璋笑着说：“你误会了，我看这妇人喂猪，就明白了古人造字的意思。‘家’字从宀从豕，就是说‘无豕不成家’，我是为这事笑，并非有意于妇人而笑。”

马皇后也笑了，于是赐给妇人许多东西，让她回去了。

## 说文解字

“家”字的上面是“宀”，下面是“豕”，是猪的侧面形。古时生产力低下，人们多在屋子里养猪，因而室内有“豕”便成了“家”的标志。

# 纪晓岚妙释“老头子”

纪晓岚是清朝乾隆年间的大才子，他聪颖睿智、出口成章、风趣幽默，乾隆十分喜欢他。

乾隆素知纪晓岚体胖怕热，夏天总喜欢脱衣纳凉，因此就想戏弄他一下。

这日，纪晓岚正赤着上身与群臣办公，忽闻“圣上驾到”，纪晓岚猝（cù）不及防，衣不蔽体，情急之下钻入案底。乾隆心知纪晓岚藏于桌下，便假意要走，纪晓岚不知就里，只顾问：“老头子走了没？”一句话被乾隆抓个正着。

乾隆坐了一个时辰，不走，也不说话。纪晓岚趴在地上，屏气凝神，心里发慌，加上天热，已然大汗淋漓。

突然，乾隆忍俊不禁，俯身对他说道：“你如此无礼，说出这样的轻薄话。你给我解释清楚，‘老头子’是怎么回事？”

纪晓岚为难地说："臣还没穿衣服，怎么回圣上的话呢？"

乾隆让他从案底下出来，让太监给他穿上衣服，说道："亏你还知道跟我说话时要穿衣服。"

纪晓岚趁穿衣服的时候，已经想好了说辞。他穿好衣服，十分恭敬地对皇上说："皇上万寿无疆，还不是'老'吗？万物之首，皆为'头'，您老人家顶天立地，是百姓之'头'呀！帝王以天为父，以地为母，对于天地来讲，就是'子'，而且'子'乃圣人之称，孔子、孟子皆称为'子'，连在一起就是'老头子'。"

纪晓岚说的都是好话，乾隆也龙颜大悦。纪晓岚松了一口气，心想：日后可不敢随便称呼“老头子”了。

## 妙趣横生

汉字中有一个有趣的现象，是三个一样的字可以重新组合成一个新的汉字，例如：

众：三人为众，意为“人多”。

垚：三土为垚（yáo），意为“山高”。

淼：三水为淼（miǎo），意为“水大”。

犇：三牛为犇（bēn），同“奔”。

焱：三火为焱（yàn），意为“火焰”。

磊：三石为磊，意为“石多”。

晶：三日为晶，意为“光亮”。

矗：三直为矗（chù），意为“直立、高耸”。

骉：三马为骉（biāo），意为“群马奔腾”。

森：三木为森，意为“树木多”。

猋：三犬为猋（biāo），意为“迅速”。

轟（hōng）：三车为轟，“轰”字的繁体字，象声词。

掱（pá）：三手为掱，掱手同“扒手”。

羴（shān）：三羊为羴，“膻”的异体字，羊肉的气味。

鑫：三金为鑫，意为“多金，兴旺”。

# 什么是“乂二”

20世纪50年代末期，几位日本学者到中国来访问。一天，他们登临泰山时，见盘山路一侧的石壁上刻着“乂二”两个字，日本学者不知其意。于是，他们便询问陪同的中国学者。不料，陪同的人也被这两个古怪的字难住了，他们只好答应回去查询。

游山归来，日本学者追问“乂二”的读法和意义，于是陪同者翻遍典籍，多处走访专家、学者，都没有解开此谜。

不久，此事传到北京。有人带着抄录的这两个字到中国科学院去请教郭沫若。郭老看了这两个字，沉思了一会儿，提笔在“乂二”两个字的外边各添上两笔，于是便成了“风月”二字。然后郭老笑着说：“这两个怪字的意思是‘风月无边’，用来形容风光无限好。”后来，当代书法家谢逢松以“乂二”二字为上联，并题写了下联。他的下联是“口年（造字，大口在外）口华（造字，大口在外）”，即在“年”和“华”两个字上各

加了一个“口”，其意思是“有限年华”。

## 说文解字

甲骨文“风”字像一只大鸟的形状，用大鸟的形象表示“风”，也许是因为鸟飞振翅生风的缘故。《说文解字》说：“风，八风也。”风的本义是“空气流动的现象”。由于“风”与“空气”关系密切，因而引申出“风气”“风俗”的意思。

# 穷人为仁主

从前，有个穷人姓仁名王。地方官认为“仁王”的谐音是“人王”，犯了大讳，便将此事禀报给皇上。皇上心想：“朕乃人王，竟然有人也敢叫‘人王’，真是胆大包天。”于是命令地方官将这个穷人押送到京城。

皇上经过审问，问明缘由，知道这个穷人没有那么大的胆量，并非故意犯讳，便也没有降罪。皇上对那穷人说：“朕觉得你的名字不妥，就赐你在‘王’字上加一点，你以后就叫仁玉吧。”那人谢恩以

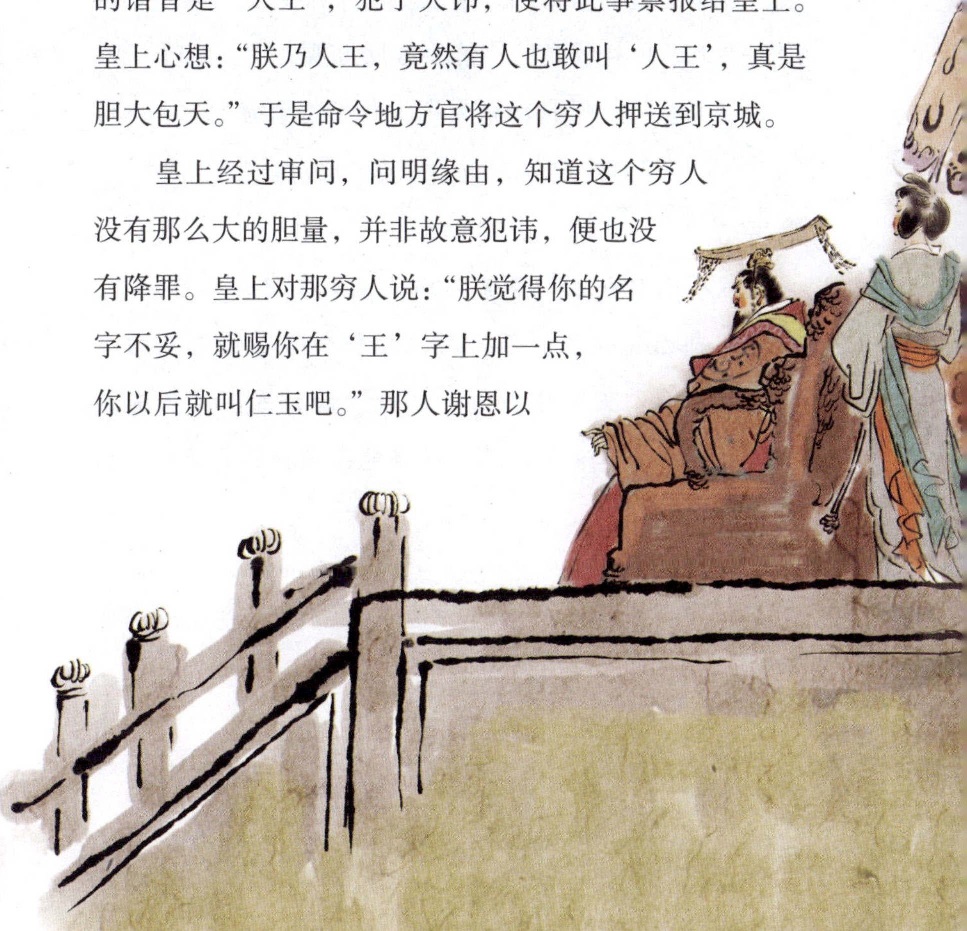

后，回家却改成“仁主”。又被地方官报告给了皇上。

皇上第二次将这个穷人抓来，龙颜大怒道：“大胆，朕让你改名，你竟然违旨抗命。朕乃人主，你也想当人主吗？真是罪该万死。”

穷人面无惧色，从容答道：“皇上息怒。皇上是人主，草民是皇上的臣民，皇上赐给草民一点，草民应该顶在头上，顶礼膜拜，岂能别在腰间呢？”

皇上一听，顿时转怒为喜，放了这个穷人。

## 说文解字

穷人以对皇上的尊崇为由，满足了皇上的虚荣心，不但使自己躲避了灾祸，而且还保住了自己喜欢的名字。同一个“王”字，由于“点”的位置不同便变成了“主”“玉”，这也体现了汉字笔画独特的灵活性和创造性。

第六章

# 炼字之妙

## ——画龙点睛的神来之笔

# 四才子填空

宋代名才子——苏轼、黄庭坚、秦观、佛印和尚四人情趣相投，是经常唱和应答的诗友。

一次，他们共游一座寺院，看到墙上题有唐代诗人杜甫的《曲江对雨》诗，因年代久远，其中“林花著雨胭脂□”句的最后一字字迹模糊，四才子提议要为这个字补缺。

苏轼才思敏捷，率先吟道：“林花著雨胭脂润。”黄庭坚不甘示弱，随即唱道：“林花著雨胭脂老。”秦观接着说道：“还是‘林花著雨胭脂嫩’为妙。”佛印和尚则缓缓念出“林花著雨胭脂落”的诗句。

后来他们查阅《杜工部集》，找到了原诗，原来最后一个字为“湿”。四才子无不表示惊叹。“湿”字将“润”的形态、“老”的衰情、“嫩”的色质、“落”的颓势都包容在内，使形、情、色、态浑然一体，准确、鲜明、凝练、生动地表现了“林花著雨”的诗情画意，可见杜甫在观察事物上的细致入微。

## 妙趣横生

### ·身轻一鸟过·

有个姓陈的人得到一本唐代诗人杜甫的诗集，因为保存不好，许多字都不清晰了。这是本特别珍贵的书，他就请朋友们来帮他“猜”书中所缺的字。

在《送蔡希曾都尉还陇右，因寄高三十五书记》一诗中，有两句：

身轻一鸟□，枪急万人呼。

写的是一个勇敢的武将驰马作战，轻捷得像鸟一样。可缺的这个□，是什么字呢？

有人猜成“疾”，有人猜成“下”，还有人猜成“起”“落”……后来，大家找来了另外一本比较清晰的杜甫诗集，一核对，才知道是个“过”字。越仔细琢磨，越觉得“过”字最好，是“掠过、一闪而过”的意思，并且与下一句连接得也好。于是，大家更加佩服杜甫写诗用字的功夫了。

# 白姑千面

相传明末四川才子杨慎谪（zhé）贬云南时，一次到建水县双龙桥游玩。他见到桥畔开满了攀枝花，鲜艳耀眼，洗马潭中白莲也正怒放，令人赏心悦目。正在这时，风起雨来，杨慎只好到附近的草棚避雨。

阵雨过后，杨慎从草棚出来，不禁被眼前的景色所陶醉：雨后的桥畔（pàn），攀枝花更艳；洗马潭中，白莲朵朵含露，娇嫩欲滴。这时，他忽然听见有人吟了一句“双龙桥红灯万盏风吹不熄”，杨慎心想，此人把满枝繁花比作“红灯万盏”倒也恰当，又加上一个“风吹不熄”则更加逼真，真是才子风范。他也想露一手，跟那人比试一下，他看了一眼洗马潭中盛开的莲花，便吟道：“洗马潭白莲千朵雨洒更鲜。”吟完后，他得意地看看那人，不想那人并不惊叹，反而对他说：“你不觉得这句子太实了吗？”杨慎怔（zhèng）住了。惊醒过来，他忙向那人求教。那人不紧不慢地说：“把‘白莲’改为‘白姑’，‘千朵’改成‘千面’，‘鲜’改成

‘艳’。”的确，那盛开的白莲不正像姑娘白嫩的脸庞吗？用“白姑”代替“白莲”，不但形象生动，而且和上联对起来也更加贴切、和谐，而原来的实写就不具有这种形象感。

## 妙趣横生

### ·李渔改诗·

清代戏剧家、文学家李渔，在一个雨天去家乡兰江边上的兰荫寺游览，正好遇上两个文人在乘兴吟诗。一个吟道：“风吹江水千层浪。”另一个顺口吟道：“雨打山坡万点疤。”吟罢相互吹捧，很是得意。

李渔见状，微笑道：“兰江不是大海，何来‘千层浪’呢？再说‘雨打山坡万点疤’，这个‘万点’也欠妥当，倒不如把‘千层’改为‘层层’，“万点”改为‘点点’更为贴切！”两个文人高兴地反复吟着“风吹江水层层浪，雨打山坡点点疤”，连称“改得好”。

# 一个“有”字乾坤转

杨乃武与小白菜案是清代四大冤案之一，曾经震惊了全国上下。鲜为人知的是，诉状中改动一个“有”字影响了整个案件的走向。

杨乃武是余杭人，为人正直，文笔犀利，好打抱不平，得罪了余杭知县刘锡彤、杭州知府陈鲁和其他劣绅恶棍，因而被诬为与小白菜通奸杀夫，沉冤长达三年之久。

杨乃武之姐杨淑英、杨乃武之续妻詹彩凤到北京上告都察院时，从运河坐船经过扬州杨乃武世交李耿堂老先生处，李老看了杨乃武在狱中所写的诉状，其中有“江南无青天”一句话，李老认为“无”字用得欠妥，这样触及官场太大，反而于事不利。他主张把“无”字改成“有”字。如此一变，意思完全不一样了，缓和了紧张气氛，对胜诉起到了一定的作用。

## 边读边想

“无”改为“有”，蕴含了极为深刻的含义，正是这一字之差唤起了有良知之人的正义感和责任心，从而使杨乃武一方打赢了官司。我们佩服改字者的精辟、高明，同时也不得不叹服汉字的奇妙。

# 范仲淹的一字师

北宋文学家范仲淹在浙江任地方官时，在富春山上的钩台上造了一座严子陵的祠堂。祠堂落成后，范仲淹专门写了《严先生祠堂记》一文。

记中写道：“云山苍苍，江水泱泱，先生之德，山高水长。”文章写好后，他将文章送给友人李泰伯看。李泰伯看后赞不绝口，随后对范仲淹说：“如果诗中改动一个字，那就更完美了。”范仲淹连忙请教。

李泰伯说：“诗中写

云山江水的话，意境很大，后面用一‘德’字来承接，便觉得有些局小，而且太呆板。把‘德’字改成‘风’字，你看如何？”范仲淹听了，连声说好，马上就把“德”字改成了“风”字，并且尊称李泰伯为“一字之师”。

## 边读边想

一字之改，意境完全不同。用“德”字太直露，用“风”字显得含蓄。而“风”是个多义词，既可释为“风范”“风骨”，也可释为本义“自然的风”。用“风”与“云山”“江水”相配，就和谐得多。

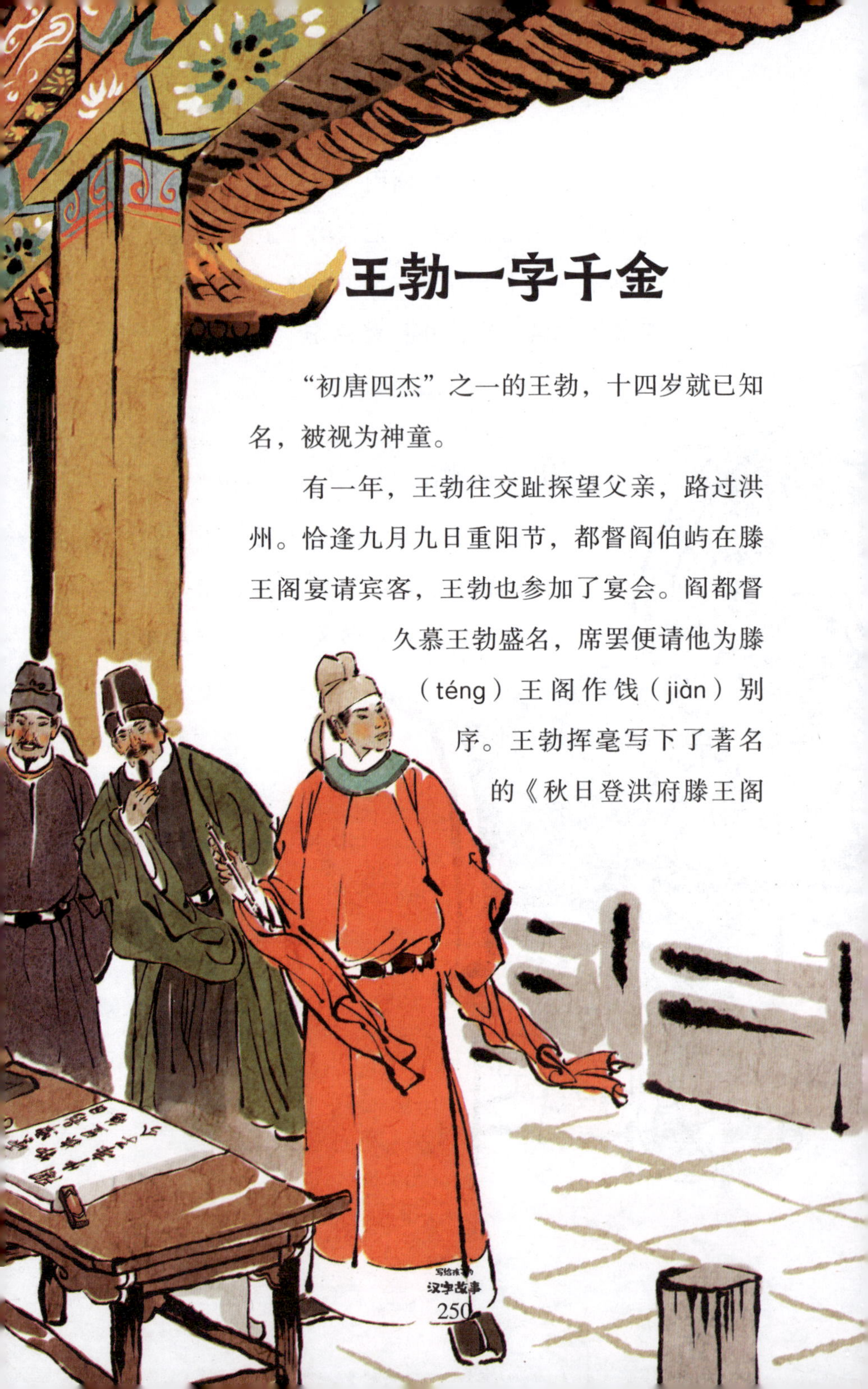

# 王勃一字千金

“初唐四杰”之一的王勃，十四岁就已知名，被视为神童。

有一年，王勃往交趾探望父亲，路过洪州。恰逢九月九日重阳节，都督阎伯屿在滕王阁宴请宾客，王勃也参加了宴会。阎都督久慕王勃盛名，席罢便请他为滕（téng）王阁作饯（jiàn）别序。王勃挥毫写下了著名的《秋日登洪府滕王阁饯别序》，并赋诗一首：

闲云潭影日悠悠，物换星移几度秋。

阁中帝子今何在？槛外长江□自流。

最后一句故意空下一字，悄然而去。围观的学者名士纷纷猜测填字，有的填“水”字，有的填“独”字，但阎都督都觉得不满意。于是派人赶往会馆，请王勃重返滕王阁填字。使者到了会馆，却被王勃的书童挡在了门外：“我家公子说，一字值千金，望都督海涵。”

使者将原话回禀了阎都督。爱惜人才的阎都督不但不生气，还包了千两纹银，亲自带领文人雅士赶往会馆求教。王勃故作惊慌，忙下台阶到门口相迎，并拱手笑着说：“区区小事，何劳都督大人亲临下问，不才早已将字留在宝地了。”众人大惑不解，连声追问：“才子墨宝，留在何处？”王勃哈哈大笑“那个字是‘空’。阁中帝子今何在？槛外长江空自流。”众人恍然大悟，无不称妙。

## 炼字佳句

### ·"采菊东篱下，悠然见南山"·

"采菊东篱下，悠然见南山"是东晋陶渊明非常有名的咏菊的诗句，"采菊东篱下"是一俯，"悠然见南山"是一仰，在"采菊"这不经意间抬起头来看南山，那秀丽的南山一下就跃入他的眼帘。"见"字用得极妙，"见"是无意中看见，南山的美景正好与采菊时悠然自得的心境相映衬，合成物我两忘的"无我之境"。如果用"望"字，便是有意去看，成了"有我之境"，就失去了一种忘机的天真意趣。苏轼曾经说："如果把这个'见'南山改成'望'南山，则一片神气都索然矣。"

# 推敲

唐朝有个叫贾岛的诗人，有一年他到长安赶考。

一次，在返回客店的途中，他闲来无事，就在驴背上吟诵起不久前写的两句诗。

他觉得其中一句“僧推月下门”的“推”字还不怎么贴切，想用一个“敲”字来代替，但考虑了很久，仍然无法决定。于是，他反复吟诵着，一会儿做推门的手势，一会儿做敲门的动作，街上的行人看了大为惊奇。

这时，迎面来了一支车马队伍，原来是长安府尹韩愈出巡。路上的行人都急忙向两边回避。只有贾岛仍然骑着毛驴走在路中间，并且出神地做着推敲的姿势，根本没有发现车马队伍。

韩愈听说贾岛因作诗入迷，才冲撞了自己，当即转怒为喜，在听完贾岛的讲述后，韩愈非常赞赏他认真严肃的创作态度，并建议把“推”字改为“敲”字。

韩愈说：“从意境的角度看，山中夜晚，寺门紧闭，题目又写‘幽居’；在那月光皎洁、夜深人静的环境中，

忽然听到几下‘梆梆梆’的敲门声，以动衬静，就更显出寺院的深幽沉寂，而用‘推’字就显不出这许多好处来。”

贾岛听了，觉得很有道理，就接受了这个意见，决定用“敲”字。后来常用的“推敲”一词就来源于此。

## 妙趣横生

有一天，苏轼出游到某地，当地有一位青年拿着自己的诗来求教。

其中有一句“明月当空叫，黄犬卧花心”，苏轼一看，心想，明显有错误嘛：明月怎么会叫呢，黄狗再小，也不能卧在花心上啊！这与事实不符，所以改成了“明月当空照，黄犬卧花荫”。后来，苏轼得知当地有种小鸟叫明月，有种小虫被称为黄犬，才知道自己错了。于是他登门致歉，一时传为佳话。

# 春风又绿江南岸

一年初春时节，北宋诗人王安石从扬州到了瓜洲渡口，归心似箭，想早日返回金陵（今江苏省南京市）钟山的家中。他打算先坐船横渡长江，到对岸的京口（今江苏省镇江市）上岸，然后连夜赶路回钟山。

渐近黄昏，马上可以上岸赶路了，王安石不禁往远处眺（tiào）望，只见峰峦重叠，伸展到远方，最后被云雾所遮裹，看不到夕阳外的钟山。船一靠岸，王安石第一个跳上岸，忽然一阵春风吹来，夹带着一阵使人心醉的花香，一轮明月升起，王安石诗兴大发：

京口瓜洲一水间，钟山只隔数重山。

春风又到江南岸，明月何时照我还？

他反复吟诵着，思考着，总觉得第三句中的“到”字太平庸，也不够贴切。后来改为“过”字，读了几遍，又嫌不好；又改为“入”字——春风又入江南岸，然后又改为“满”字，改了又改，却总是找不到一个妥帖的字眼。忽然，王安石想到在船上望见的绿色的山水，何不用一个“绿”字呢？王安石立即把这首诗抄录在自己的稿本上。

与其他字相比，“绿”字把春风吹来，大自然发生的可喜变化描绘出来，使全诗大为生色，这个“绿”字就成为后人所说的“诗眼”。

## 妙趣横生

唐朝时，有个法名叫齐己的和尚，住在江陵龙兴寺。他学识渊博，能诗善文，自号衡岳沙门。

一日，他在赏梅时，作了一首题为《早梅》的咏梅诗：“万木冻欲折，孤根暖独回。前村深雪里，昨夜数枝开……”

他反复吟咏，总觉得不满意，便去请教诗人郑谷。

郑谷读罢，说道：“既为《早梅》，‘昨夜数枝开’这句，不足以点明‘早’字，不如把‘数枝’改为‘一枝’的好。”齐己觉得十分有道理，当即下拜，尊称郑谷为“一字师”。

# 前村月落半江水

传说唐代著名诗人高适任两浙观察使时，一次奉命到浙东台州（今浙江省临海县）巡察。他与随从路过杭州清风岭，因天色将晚，就住在清风岭的寺庙中。时至中秋，月色正好，高适登山观赏夜景。来到山顶，阵阵秋风吹来，使人感到有些凉意。松树上滴下来的露水沾湿了衣服，松间白鹤在明月下展开了翅膀。夜色已深，月亮低垂，映照着山下的江水。

高适回到房中，向和尚讨了笔墨，在寺庙的壁上题了一首诗，把在月下所观赏的夜景写了下来："绝岭秋风已自凉，鹤翔松露湿衣裳。前村月落一江水，僧在翠微闲竹房。"

第二天清晨，高适离开清风岭，往台州赶路。乘船过江时，突然发现江水退了许多，从两岸的水痕看，江面只有原来的一半宽了。原来，钱塘江是随潮汐涨落的。月亮升起时，江水随潮而进，江面顿宽；月落时，江水又随潮而退，只剩半江。这时他想起了自己的诗句

“前村月落一江水”中的“一”不妥，应改为“半”，才能准确地反映出钱塘江江水随潮涨落的特点。

一个月后，高适公事办完，再经过清风岭，想提笔改诗时，发现那个“一”字已被人改成“半”字了，真是英雄所见略同。后来，高适四处打听改诗的那个人的名姓，却一直没有下落。

## 妙趣横生

**·陶行知的一字师·**

20世纪30年代，人民教育家陶行知写了一首赞扬某小学的诗：“有个学校真奇怪，大孩自动教小孩。七十二行皆先生，先生不在学生在。”

有个才八九岁的女学生却提出：“既然大孩能自动，

难道小孩就不能自动吗？大孩能教小孩，小孩就不能教小孩吗？我看应该改为‘小孩自动教小孩’。”

陶行知惊喜不已，当即把诗中“大”字改为“小”字。事后，陶行知逢人便夸：“这个小孩可真是我的‘一字之师’啊！”

# 苏轼兄妹改诗

相传，苏轼一次与妹妹苏小妹及诗友黄庭坚一起论诗。小妹说出“轻风细柳”和“淡月梅花”后，要哥哥各加一字，说出诗眼。

苏轼说道：“前者加‘摇’，后者加‘映’，即为‘轻风摇细柳，淡月映梅花’。”不料苏小妹却评之为“下品”。苏轼认真地思索后，得意地说：“有了！‘轻风舞细柳，淡月隐梅花。’”小妹微笑道：“好是好了，但仍不属上品。”

一旁的黄庭坚忍不住了，问道：“依小妹的高见呢？”苏小妹便念了起来：“轻风扶细柳，淡月失梅花。”苏轼、黄庭坚吟诵着，玩味着，不禁拍掌称妙。

## 边读边想

“扶”与“轻”“细”相宜，显得和谐，并且把风、柳拟人化了，形象地描绘出清风徐来，柳枝拂然的柔态，给人以一种柔美之感。下句中的一个“失”字，就勾画了月色和梅花相互交融的情景，增强了感染力，真是一字生辉。

宋
張弘範滅宋於此

# 宋张弘范灭宋于此

南宋末年，元军派遣（qiǎn）南宋降将张弘范、李桓（huán）两人带兵南下，企图吞并南宋的最后一块根据地。两军在崖山海面上展开殊死决战，最后宋军大败，南宋朝廷陆秀夫等大臣与小皇帝投海殉（xùn）国，南宋从此灭亡。

张弘范为了纪念这次辉煌战果，竟厚颜无耻地立碑记载“功绩”。他请来当地石匠，在陆秀夫背负小皇帝赵昺（bǐng）投海的那块石头上刻了一行大字：“张弘范灭宋于此。”张弘范以为石碑将会使他名留千古。

明代中期，陈白沙与友人到崖山凭吊南宗行宫遗址。在银洲湖边看到张弘范留下的“记功碑”，不禁义愤填膺（yīng）。有人认为：这卖国汉奸竟也想立碑留名，真是不知羞耻。有人提议请当地石匠把碑上的字除掉。

此时，陈白沙微笑道：“我有一个办法，不毁去原碑文，只要在前面加一个字，便可还他汉奸的真面目。”随后，陈白沙在碑文前加了一个“宋”字，碑文成为“宋张弘范灭宋于此”。同行友人拍手称绝。

## 炼字佳句

“暖风熏得游人醉，直把杭州作汴（biàn）州。”（林升《题临安邸（dǐ）》）

这一句表面上是说那些宴乐西湖流连光景的游人，陶醉于香风而逍遥自得。实际上，这个“醉”字突出了那些忘记故国的可耻嘴脸。这些人不但志气丧失，甚至连骨气也没有了。诗句凝聚了作者的感慨和激愤。

# 动词显心迹

《红楼梦》中，贾宝玉、林黛玉和薛宝钗是三个形象鲜明、个性突出的人物，他们之间有着微妙的关系。

第三十六回有一段描写的是薛宝钗来到怡红院，正值贾宝玉午睡，袭人坐在床前，一面给贾宝玉赶蚊子，一面绣兜肚。袭人要出去走走，薛宝钗只顾看袭人绣的兜肚，心生欢喜，也坐在袭人方才坐的地方，替袭人做针线活。恰好林黛玉、史湘云也来到怡红院。林黛玉来到窗外，隔着窗纱一看，只见贾宝玉穿着银纱衫子，随便睡在床上，薛宝钗在身旁做针线活。书中写道："黛玉见了这个景况，早已呆了。"林黛玉等人走后，薛宝钗刚绣了两三个花瓣，忽然听见贾宝玉在梦中喊道："和尚、道士的话如何信得？什么金玉良缘？我偏说木石姻缘！"书中又写道："宝钗听了这话，不觉怔了。"林黛玉眼中看到的是活生生的一幅"金玉良缘"图，她联想到自己的不幸遭遇，看到眼前这么刺心的现实，当然是"呆"了。而薛宝钗耳中听

到的却是贾宝玉对“金玉良缘”的抗拒，她联想到和尚、道士的预言，听到的却是如此相反的话语，当然是“怔”了。

作者准确而含义深刻地选用了不同的动词，写出了两人的不同心迹、不同身世处境，不愧是巧于炼字的语言大师。

## 妙趣横生

### ·疑是银练飘然·

有位业余诗人曾写过一首描述重庆万盛石林景点“一线天”的诗，发表在2000年6月9日《万盛报》上：

地缝裂深千尺，游人缝底观天。

只见天空一线，疑是银练飘然。

发表前，诗的尾句为“疑是银练飘来”，发表时，编辑简云斌给改了一个字，将“来”改为“然”，成了“疑是银练飘然”。“飘来”是动词，写得过实，缺乏情态表现；“飘然”是形容词，表现出轻松愉快的样子，意境显得更美了。原诗第二句和尾句不属同一韵部，改成“飘然”后，“然”与“天”属同一韵部，诗的形式也更加完美了。

# 平地风烟横白鸟

北宋人王平甫曾作过一首题为《甘露寺》的诗，其中有一句写道：

平地风烟飞白鸟，半山云木卷苍藤。

王平甫自己很满意这句诗，洋洋得意地拿去请苏轼看。苏轼看后说："好是好，但诗的精神全在'卷'字上，可叹'飞'字不相称。"王平甫听了觉得很对，但思来想去也找不出更好的字来。只好请苏轼替他改一个字。苏轼略一想，便把"飞"字改为"横"字，王平甫十分佩服。

"飞"只是一个单纯表动作的动词，"鸟飞"是一般的写法，只能给人一只白鸟从平地的风烟里一飞而过的印象，再无别的含义，显示不出白鸟的精神。而"横"是形容词，按照一般言语规律，它用来形容物体与地面平行，如“竹竿横”“扁担横”，而不用来形容动态的事物。

用“横”来写鸟，就写出了鸟在空中飞翔的姿势和神态，把鸟在空中矫健地迎着风烟自由翱（áo）翔的画面栩（xǔ）栩如生地展现在人们眼前。并且，改用“横”字，与下句的“卷”字相称，轻重相宜。

## 妙趣横生

**·一字小说·**

美国某大学曾经举办过微型小说征文比赛，结果一篇《第一封信寄去后》的小说获得最高奖，该小说只有一个字：“等……”令人回味无穷。

# 添字解围得驴

诸葛恪（kè）是三国时吴国人，家住琅（láng）琊（yá）阳都（今山东省临沂市沂（yí）南县），是诸葛亮的侄儿。他从小好学、机灵，善于随机应变，认识他的人都说他“少有才名”。

有一次，吴国国君孙权宴请宾客，诸葛恪跟随父亲诸葛子瑜去赴宴。

酒宴开始后，孙权饮得高兴，和诸葛子瑜开起玩笑来。因为诸葛子瑜的脸比较长，孙权就叫侍从将一头毛驴牵进宴会之处，并将一张写有“诸葛子瑜”的字条挂在驴嘴上。所有宾客不禁发出一阵哄笑。

坐在父亲身旁的诸葛恪见父亲受辱，握紧拳头，流露出愤怒的神色。他“霍”地站起来，快步走向安放

纸笔的桌前，拿起笔，蘸上墨，在纸条“诸葛子瑜”下面，挥笔加上“之驴”两个字。

见此情景，孙权不得不赞赏这位大胆而又善于应变的小孩，于是说：“你想出了替父亲解围的好办法，看来这头驴应该属于你父亲了。”

## 妙趣横生

有一次，明朝皇帝朱元璋对解（xiè）缙（jìn）说：“爱卿，人人都说你聪慧敏捷。今天我叫左丞相说一句真话，右丞相说一句假话，只准你添加一个字，把这两句话串连成另一句假话，行吗？”解缙称：“遵旨！”

左丞相说：“皇帝坐在龙座上。”

右丞相说：“老鼠捉猫。”

解缙面无难色，随即应道：“皇帝坐在龙座上看老鼠捉猫。”

朱元璋不肯就此罢休，还想试探一下，于是改口道：“仍然是那两句话，你再用一个字把它连成一句真话。”

解缙略加思忖（cǔn），说道：“皇上坐在龙座上讲老鼠捉猫。”

朱元璋龙颜大悦，为朝廷有这样的良才深感欣慰。

# 投诗拜谒

晚唐和尚诗人齐己能诗善文，留下了不少诗作。

一天，齐己来到袁州（今江西省宜春市），投诗拜谒（yè）当时的前辈诗人、曾任都官郎中的郑谷。其中有一首五言律诗写道：

高名喧省闼（tà），雅颂出吾唐。

叠巘（yǎn）供秋望，无云到夕阳。

自封修药院，别下着僧床。

几许中朝事，久离鸳鹭行。

郑谷读了这首诗后，派人传话给齐己说："郑都官读了你的诗，觉得不错，尤其在推敲锤炼方面下过一番功夫。不过这四十个字当中，有一个字用得还不够贴切，请你考虑一下，改了之后再接见你。"究竟哪一个字不够贴切呢？那人也没讲，齐己也没问。

齐己反复想了三天，终于恍然大悟，于是急忙求见郑谷，见了面就说："改成'别扫着僧床'，怎么样？"郑谷听了连连点头称许，两人谈笑甚欢。

的确，一个"扫"字就把僧床久未睡人、灰尘厚积等情况都反映出来了，而"下"字的内涵远没有这样丰富。

## 妙趣横生

**·一字诗歌·**

美国一家出版社的刊物曾发表过一首题为《生活》的诗歌。全篇只有一个字："网。"非常精炼、深刻、形象地揭示了生活中错综复杂、千丝万缕的人际关系。

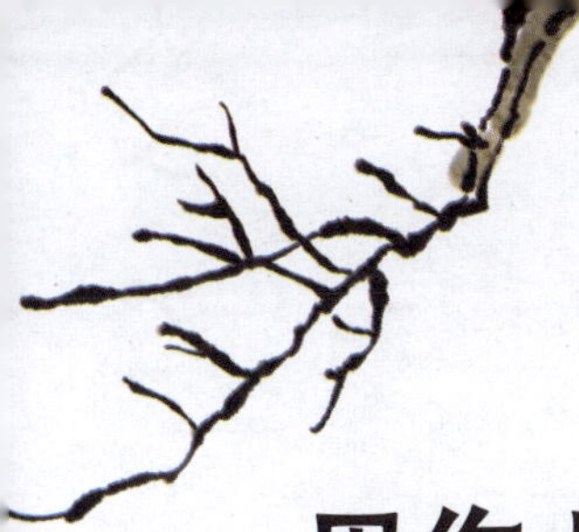

# 周作人的一字师

五四运动前夕，陈独秀、李大钊、钱玄同等人主编《新青年》杂志时，曾向周作人约稿。周作人翻译了一篇日本作家江马修的小说，标题为《小的一个人》。这个标题翻来覆去无论怎样总是译不好，最后就这样寄给了《新青年》编辑部。

那时的值班编辑是陶孟和，他在周作人的译作标题上提笔添了一个字，变成了《小小的一个人》。该标题一下子从别扭、拗（ào）口，变得既通顺流畅，又贴切传神，对原作主人公的性格特征阐释更加准确、合理。难怪周作人在时隔多年之后，还清楚地记得这件事。他在晚年所写的《知堂回忆》中盛赞陶孟和编辑是他的“一字师”。

## 炼字佳句

“明月松间照，清泉石上流。”（王维《山居秋暝（míng）》）

以动衬静，前半句写诗人所见：朗照的秋月，在松林间仿佛被过滤了似的，分外皎洁，投下了斑驳陆离的光影，显得更加宁静。后半句写诗人所闻：山泉格外清澈明净，它在山石上潺（chán）潺流淌，似乎还能听到它的“叮咚”的流水声。用清泉流淌反衬“空山”的清幽。

# 真趣

苏州有个狮子林，峰石峻峭犹如雄狮，曲径通幽怡然陶然，是个游览的好去处。此处有个真趣亭，据说是乾隆皇帝当年游览时题名的。乾隆皇帝是个书法高手，但是，题字既要有书法运笔的功力，也要有构思巧妙的雅兴文思才行。乾隆皇帝当时已经游览了不少雅园名山，身心有些疲乏，竟一时想不出更好的词语，于是挥笔蘸墨写了“真有趣”三个大字。

“真有趣”书法虽漂亮，但词句实在俗气又无韵味。若将“真有趣”镌刻在狮子林名园，不让天下人耻笑吗？跟随的官员心有所虑，可是谁也不敢说出来，要是得罪了皇上那还了得？

此时，有个叫黄熙的状元急中生智，叩头道：“臣斗胆，皇上的‘有’字实在好，请圣上赏赐臣吧！”乾隆一听，马上明白了黄熙的真意，立即将“有”字赏赐给他，狮子林的题字变成了“真趣”二字，由大俗变大雅，至今留给游人美妙的遐（xiá）思。

## 妙趣横生

### ·一字座右铭·

鲁迅先生12岁时，就读于故乡绍兴的“三味书屋”。

一次，鲁迅因为帮母亲做事，上学迟到了，严厉的寿镜吾老师狠狠地责备了他。为了牢记教训，从严要求自己，他用刀在书桌上刻了一个字作为自己的座右铭——早。

# “红杏尚书”拜见“张三影”

北宋文学家宋祁（qí）写过一首传唱一时的词《玉楼春》。其中有“红杏枝头春意闹”一句，“闹”字运用通感手法，打通了视觉和听觉，新鲜活泼，为人喜爱，当时就有人称宋祁为“红杏尚书”。同时代的湖州词人张先，写过一首词《天仙子》，其中有“云破月来花弄影”一句，也是传诵极广的名句。

有一天，任工部尚书的宋祁去拜访任都官郎中的张先，命人通报说：“尚书欲见‘云破月来花弄影’郎中。”张先听说后，急忙跑到大门口迎接客人，问对方说：“您莫非就是大名鼎鼎的‘红杏枝头春意闹’尚书吧？”宋祁也打趣地说：“我正是那个‘闹’尚书！”两人相视而笑，一见如故，在书房里坐定，谈得很投机。

宋祁对张先说：“现在，京城里的人都称呼您为‘张三中’，不知是何缘故？”

张先说：“我的《行香子》一词中有‘心中事、眼

中泪、意中人’几句，大概即据此而来。不过，我对这个称号并不满意。”

宋祁问：“为什么不满意？那您喜欢什么样的绰（chuò）号？”

“还不如称呼我为‘张三影’更为贴切。”

宋祁大惑不解：“哪‘三影’？请指教。”

张先扳（bān）着指头说：“‘云破月来花弄影’‘娇柔懒起，帘压卷花影’‘柳径无人，堕风絮无影’，这些都是我平生的得意之句，其中都有一个‘影’字。因此说，称我为‘张三中’，还不如称为‘张三影’啊！”

从此以后，人们就称张先为“张三影”。

## 妙趣横生

### ·一字回信·

一个嫉妒心很强的人写了一封信给美国著名作家海明威：“我知道你现在的身价是一字一金，现在附上一块美金，请你寄个样品来看看。”海明威收下美金后回信说：“谢！”

# 王安石改诗

《千家诗》中有一首唐代王驾的七言绝句《雨晴》：

雨前初见花间蕊，雨后兼无叶底花。

蛱（jiá）蝶飞来过墙去，应疑春色在邻家。

北宋王安石看到该诗后，十分喜欢，提笔稍加改动：

雨前初见花间蕊，雨后全无叶底花。

蜂蝶纷纷过墙去，却疑春色在邻家。

王安石的改动虽非尽善，却远胜原作，得到了许多人的赞赏，“兼”字一般用来表示“同时、并列”。用在王驾诗里，细细品味，这个“兼”字实颇突兀（wù）。前文并未说出“已无”“花间蕊”，则“兼无”就没有了

着落，改为“全”字就避免了此病。下一句中“蛱蝶”改为“蜂蝶”，所指范围扩大，内容增加，意象更加丰厚。“飞来”改为“纷纷”二字，形容蜂蝶之多，场景更为生动，也增加了诗的韵味。最后一句中王安石把原作的“应”字改为“却”字，指诗人因见蜂蝶纷纷飞过墙去，遂疑春色也许到了邻家，诗意大变。

## 炼字佳句

“不知何处吹芦管，一夜征人尽望乡。”（李益《夜上受降城闻笛》）

“尽”字一字传情，凝练地表达了丰富的思想。尽：都。着一“尽”字，写出了征人思乡的普遍，伫立盼望的时间之长。

# 病鹤如阁

北宋文学家苏轼做七言诗《病鹤》时，曾写了一句“三尺长胫瘦躯□”，故意缺少一个字，让人来填。众人拟了许多字，但自己感觉都不满意。

这时，苏轼慢慢地拿出自己的诗稿，原来是个“阁”字。“三尺长胫瘦躯阁”，众人不禁赞叹：“此字既出，俨然如见病鹤。”

“三尺长胫”，是用夸张的语言形容鹤的腿长，但这仅是外表形象，反映不出它的精神状态。接着，又用“瘦躯”二字与前面的“三尺长胫”相衔接，说明这只鹤不仅腿长，而且身体消瘦。但这些都是一般的局部外在描写。最后用一个“阁”字收尾，苏轼把这只鹤比喻为一个亭阁，这个“阁”又不是修葺（qì）优美的亭阁，而是“瘦躯”，鹤的羽翅四周空

空，没有丰满的羽毛和肌肉，是个只有几根柱子撑立着、上面加个茅顶盖的陋阁。这样，就从局部外在描写变为整体内在的肖像描写，刻画出这只鹤的病态，形神兼备，又紧扣了题意。

## 妙趣横生

·一字家书·

20 世纪 60 年代初期，大作家赵树理收到大儿子赵广元要钱的一封信，信的内容很精炼：“钱！”没想到赵树理的回信不仅快而且同样精炼：“0！”他认为儿子既已自立，就不该再依赖父母。

# 忍痛改一字

清朝末年，国势渐衰，外国侵略者用鸦片和大炮打开了中国的大门。广东水师提督关天培，支持林则徐焚（fén）烟抗英。在英军攻打虎门时，关天培率领官兵血战，终因孤立无援，壮烈牺牲，虎门失守。

消息传来，林则徐十分悲痛。他完全清楚这是朝廷内顽固的投降派的恶政造成的悲剧，便奋笔疾书写了一副挽联：

六载固金汤，问何人忽坏长城，孤注空教躬尽瘁；

双忠同坎坛，闻异类亦钦伟节，归魂相送面如生。

林则徐派人送往江苏淮安关府。关天培的母亲接到林则徐的挽联，十分感动，也十分重视。但因尺寸太小，便请周木斋重抄大幅，准备悬挂起来。

周木斋是淮安府第一流的书家。他读完挽联吃了一惊，待在一旁不落笔。关母看了，小心求教。周木斋小声说："林大人的挽联，有一字我不敢写，就是'何人'的'人'字。"

关母点头称是，那些投降派的人都是皇上的重臣，谁敢得罪呀？两人思前想后，忍痛将“人”字改为“时”字。

重抄后，两人同时叹道：“这是不得已呀！”

## 妙趣横生

### ·一字嫁妆·

我国清代著名诗人、书法家何绍基，在得知老家的女儿备办嫁妆后，便特地从京城捎回一只箱子。

大喜之日，女儿打开箱子一看，全家愕（è）然。箱子竟然空空如也，只是箱底工工整整地写着一个大字——勤。小夫妻很快领会了父亲的良苦用心。于是，“勤”便成了治家的座右铭。

# “恨”与“幸”

北宋张咏当尚书时，有一次邀请溧（lì）阳（今江苏省常州市）县令萧楚材吃饭。萧楚材在书房等候时，见张咏书案上有一首刚写好的诗，其中有一句：

独恨太平无一事，江南闲煞老尚书。

是说他恨天下太平，使自己没有一点事儿干。

萧楚材把“恨”字改成了“幸”字，变成：

独幸太平无一事，江南闲煞老尚书。

第二天，张咏拿着诗稿问左右的人：“这诗谁给改的？”

有人告诉他，是萧知县改的。

张咏说：“他改得有道理。天下太平应该庆幸，何必恼恨呢？”他想了想，说道，“这萧公是我的‘一字师’呀！”

## 妙趣横生

**·公刘的一字师·**

1955年，青年诗人公刘写下抒情诗《五月一日的夜晚》，描绘了新中国第六个五一劳动节夜晚天安门前载歌载舞的狂欢情景。原诗的第二节是这样的：

整个世界站在阳台上观看，

中国在笑！中国在跳舞，中国在狂欢！

羡慕吧，生活多么美好，多么令人爱恋，
为了享受这一夜，
我们战斗了一生！

诗成之后，公刘寄往《人民文学》杂志。这首诗的责任编辑的是吕剑，他觉得去掉那个“跳”字，并不影响诗意，而且文字更加精炼，节奏更加明快，无论从诗的韵律节奏上还是表现力上，都比原稿更胜一筹。公刘后来感激地称吕剑为他的“一字师”。

# 一方明月可中庭

传说一天晚上，北宋黄庭坚借宿庐山上的一座寺庙，同一群和尚一起论诗。

这天晚上，月光皎洁，遍洒寺院。黄庭坚诗兴突起，随口吟了一句诗："一方明月可中庭。"有个和尚听了，当即说："为什么不说成'一方明月满中庭'呢？"黄庭坚笑而不答，起身离去。

实际上，这句诗出自唐代诗人刘禹锡的《生公讲堂》，此诗的末句是："高座寂寥（liáo）尘漠漠，一方明月可中庭。"究竟是"可"好还是"满"好呢？联系整句诗来看，"一方"的"方"指方块形状，月光从窗口照射进屋里，因受窗框

的限制，成为方形，用“方”字，既准确又生动。“满”是“遍洒”之意，虽然它描绘出月亮的光辉，但与前面的“方”字不相照应。受窗框限制，照进中庭的月亮既然只是“一方”，那么，

怎么可能遍洒呢？而“可”，是“正、当”之意，形容一方明月照进中庭的范围恰如其分，创造了朦朦胧胧、如诗似画的意境。

## 妙趣横生

历史上流传着这样半副对联：古文故人做。

此为半副构思奇特的合字联。它先有“古文”合成“故”，再有“故人”合成“做”。全句文意通顺，意思为：历时久远的文章是已故的人写的。由于对句难度大，至今还没有理想的对句，偶尔只见平淡之作，如：八刀分米粉。

大家可以想一想，有没有其他更好的对句。

# 写给孩子的汉字故事

## 3

张卉妍 / 著

江西美术出版社
全国百佳出版单位

图书在版编目（CIP）数据

写给孩子的汉字故事 / 张卉妍著 . -- 南昌 : 江西美术出版社 , 2022.10

ISBN 978-7-5480-8714-4

I. ①写… II. ①张… III. ①汉字—儿童读物 IV. ①H12-49

中国版本图书馆 CIP 数据核字 (2022) 第 125867 号

出 品 人：刘　芳
企　　划：北京江美长风文化传播有限公司
责任编辑：楚天顺　朱鲁巍　　策划编辑：朱鲁巍
责任印制：谭　勋　　封面设计：韩　立　　插图绘制：王　坡

**写给孩子的汉字故事 3**
XIE GEI HAIZI DE HANZI GUSHI 3
张卉妍 著

出　　版：江西美术出版社
地　　址：江西省南昌市子安路 66 号
网　　址：www.jxfinearts.com
电子信箱：jxms163@163.com
电　　话：010-82093785　　0791-86566274
发　　行：010-58815874
邮　　编：330025
经　　销：全国新华书店
印　　刷：河北松源印刷有限公司
版　　次：2022 年 10 月第 1 版
印　　次：2022 年 10 月第 1 次印刷
开　　本：880mm × 1230mm　1/32
总 印 张：20
ISBN 978-7-5480-8714-4
定　　价：148.00 元（全 4 册）

# 目录

第七章

## 字谜艺术
## ——感悟汉字魔方的灵动

..........

第八章

# 毫厘之差谬千里

## ——错别字故事与汉字的忌讳

..........

第九章

## 标点史话

## ——跳动的文字音符

第七章

# 字谜艺术

## ——感悟汉字魔方的灵动

# 武则天巧解“青鹅”意

唐朝女皇武则天当朝，对汉字十分有研究。徐敬业在扬州起兵谋反时，让骆宾王设法拉拢中书令裴（péi）炎做内应。骆宾王便编了一首童谣：“一片火，两片火，绯（fēi）衣小儿殿上坐。”并教京都和裴炎家乡的孩子们传唱。

等到这首童谣传到裴炎耳中，骆宾王特地向裴炎解释说：“绯衣合起来是个‘裴’字，两片火是‘炎’字，殿下坐是南面称王，这就是说你裴炎要南面称王了。”两人谈得投机，最后裴炎就答应做内应。

为了保密起见，裴炎给徐敬业写了一封密信，但是这封信被武则天的人查获了。他们打开一看，上面只有两个字：“青鹅。”朝中的官员都不明白是什么意思，便呈给武则天看。

武则天打开一看，便解释说：“青者，十二月，鹅字乃‘我自与’三字组成，这就是相约在十二月起兵，裴炎自会在朝中做内应的

意思。”

于是武则天杀了裴炎，并派兵追击徐敬业。最终，徐敬业的副将杀了徐敬业，降顺了武则天。

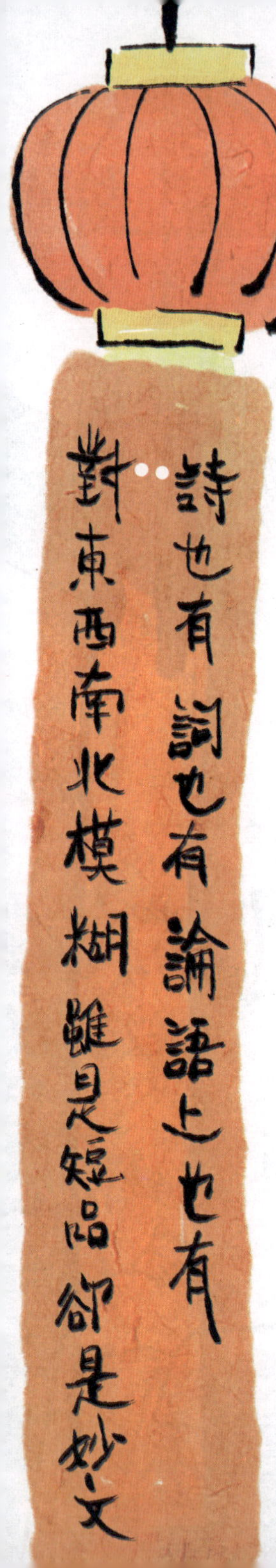


## 边读边想

“青鹅”是一个拆字谜，即通过借用汉字的结构，巧用“拆字”或“合字”的方法来做文章。例如，汉末有首民谣：“千里草，何青青，十日卜，不得生。”意思是，汉献帝时奸相董卓僭（jiàn）位，不得善终。其中“千里草”“十日卜”分别是“董”“卓”的拆字。

# 乾隆猜谜

清朝乾隆皇帝非常喜欢猜谜语，时任大学士纪晓岚也是一位善于制谜和猜谜的能手，君臣二人经常对诗、猜谜。

一年元宵节，宫中举行灯谜会。纪晓岚写了一副对联，挂在会场上：

黑不是，白不是，红黄更不是，和狐狸猫狗仿佛，既非家畜，又非野兽；

诗也有，词也有，论语上也有，对东西南北模糊，虽是短品，却是妙文。

这是一副对仗十分工整的谜联，要求打两个字。

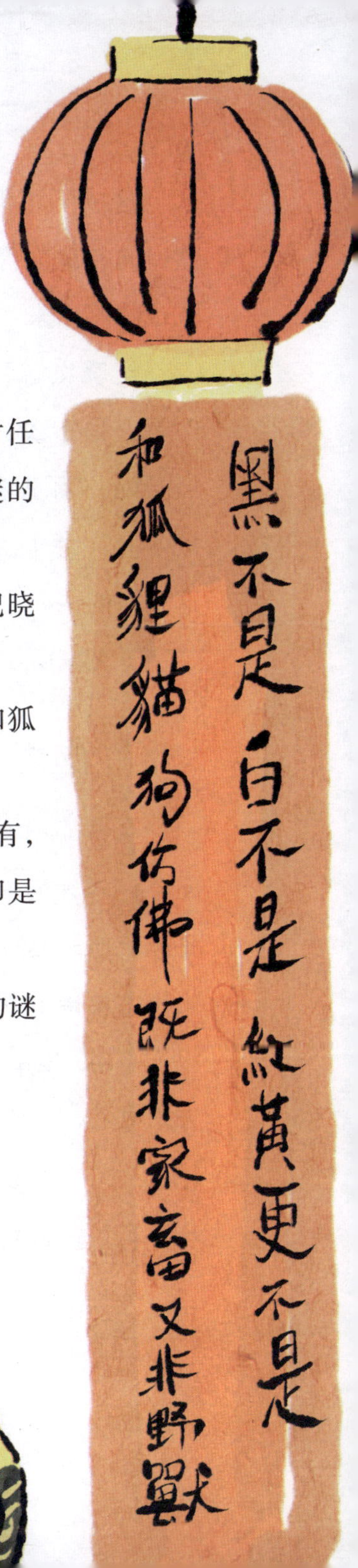

这一下不但把满朝文武及后宫嫔妃都难住了，就连一向自认为善于猜谜的乾隆皇帝站在对联前面想了好久也猜不出来，最后只得请纪晓岚来解释。

纪晓岚解释说：“在五色之中，黑、白、红、黄都不是，是什么？”乾隆立刻说：“当然是青色了。”纪晓岚又问：“狐狸猫狗这几个字相同的地方在哪里？自然是‘犬’旁了。”说到这里，乾隆便说：“不用你再说，这下联的字我也猜着了。”原来这副对联隐的是“猜谜”二字，大家听了，无不赞叹称妙。

## 举一反三

从前，一个大户人家的老爷子过六十大寿，八方宾朋济济一堂。一位秀才进京赶考，路过这里，想求一口饭吃。老爷子热情地款待了他。

席间，老爷子问秀才：“贵人尊姓大名？”秀才回答：“今天不是老先生的生日宴吗？巧得很，我的姓氏与生日宴很有缘。如果把生日宴三个字作为谜面，打一字，谜底即是。”

谜底：安。

# 黄庭坚作画解谜

北宋黄庭坚的诗文、书法均非常出色，深得苏轼的赏识，其诗书与苏轼齐名，人称“苏黄”。除此之外，深谙汉字之妙的黄庭坚对字谜也十分有研究。

一天，黄庭坚由家乡修水来到江州。江州的才子们久慕其名，便约他同舟泛游长江。天光水色，烟波浩渺，景色宜人。

一个才子向黄庭坚作揖（yī），说道：“学生偶得两句，向先生请教。”说罢，他吟道：“远树两行山倒映，轻舟一叶水横流。”

另一个才子接着说：“句中有谜，请先生赐教。”

黄庭坚笑而不答，请人拿来笔墨纸砚开始作画。他先在纸的上方绘出两株远树（丰丰），又在树上勾勒了一个歪倒的山（彐），然后在下面画了一叶扁舟，又横着点了三点水而为“心”。一幅绝妙的淡墨山水画跃然纸上，远山、秀树、扁舟、流水，一个秀丽、丰雅的“慧”字道出了谜底。众人看后，不禁拍手叫绝。

## 举一反三

谜面：一条小船两根桅，九只燕子天上飞。

六只停在桅杆上，三只还在船头尾。

（打一字）

谜底：悲。

解析：桅杆形似“丨”，燕子形似“、”，船形似“乚”。

# 词女之夫赵明诚

北宋文人赵明诚到了婚配的年龄，一日，聪慧的赵明诚对父亲赵挺之说：“今日中午睡觉，我做了一个梦，在梦中读了一本很好的书，但醒来以后，却把书里的内容大都忘记了，只记得其中三句是：言与司合，安上已脱，芝芙草拔。”

赵挺之听后，思忖道：言与司合在一起，为“词”；安字去掉上头的宝盖，为“女”；芝芙去掉草字头，为“之夫”，合起来是“词女之夫”。于是便为儿子解梦说：“你将娶一个善于作词的才女做妻子。”

后来，赵明诚与礼部员外郎李格非的女儿李清照

喜结良缘。原来，昼寝梦读的故事是赵明诚爱慕李清照，想娶她为妻而造的文字游戏。

## 举一反三

谜面：上无半片之瓦，下无立锥之地。

腰间挂着一个葫芦，倒有些阴阳之气。

（打一字）

谜底：卜。

解析：谜面的前三句将它拆开了，最后一句扣字义。

# 巧设谜联征婚

相传有个姓张的地主，他的千金年方二八。地主为了给女儿找个如意郎君，决定以文择婿（xù）。

邻乡的一个穷秀才听到消息后，也赶去凑热闹。主考官见他衣衫不整，一副穷酸相，有意嘲弄他，想找借口把他撵（niǎn）走，当即出了一个谜联：“树上有嘴能笑人。”

穷秀才听了，微微一笑，不慌不忙地吟出了下联：“火里熔雪不成水。”

主考官听后，暗自思忖：这联对得如此工整，谜

底也针锋相对。主考官忙拱手让穷秀才应试。在闺房中的张小姐耳闻目睹了这一切，她满意地点了点头。

原来，上联是个“呆”字，下联是个“灵”字。到底是呆是灵，千金小姐自有分明。后来，张小姐便与穷秀才结为夫妻。

## 妙趣横生

谜面：朽木不要再加工。（打一字）

谜底：巧。

解析：朽木不要，再加工。

# 两书生巧设谜语通姓名

从前，两个素不相识的书生在花园里游玩，他们在亭子里会了面。甲问：“客生贵姓？”乙答：“夏商之时夜间光。”

乙说罢，也问甲道：“客生贵姓？”甲答：“颠来倒去都为头。”两个书生会意地笑着相互施礼，在石凳上坐下后又叙谈起来。

过了一会儿，甲又问：“客生大名是什么？”乙说：“小生名叫老牛过板桥。”接着反问：“您大名呢？”甲说：“小生名叫大河失滔滔。”双方互通了姓名，交谈之后，情投意合，成了好朋友。

原来甲叫“王奇”，乙叫“胡生”。

## 妙趣横生

谜面：不得不露头。（打一字）

谜底：杯。

解析：“不”字露头为“木”字，“不”字得到一个露了头的“不”字，即“不”字与“木”字结合，为“杯”字。

苍竹

# 纪晓岚题字骂和珅

清朝乾隆年间，乾隆的亲信和珅在府内建了一座亭子，请大才子纪晓岚给他题一匾额。纪晓岚并不推辞，提笔写了“竹苞”两个大字。和珅一看，这“竹苞”二字与凉亭两侧长的绿竹正好相互衬映，非常喜欢，就叫人将这两个字刻成匾挂在亭子上。

一天，乾隆来到这座亭子前，当他抬头看到这块匾额后，不禁哈哈大笑。和珅大为不解，忙问笑为何故。

乾隆说：“你没看出来吗？纪晓岚在耍你呢，这‘竹苞’二字拆开，不就是‘个个草包’吗？”

和珅听了，不禁又羞又恨，又不好发作。

## 妙趣横生

应征青年昨天经过体检，今天纷纷到检兵站询问自己体检是否合格。

检兵站里的负责人见大家都很着急，笑嘻嘻地拿着粉笔，在门边黑板上写了“答体检青年”几个字，却没下文，大家看后都觉得莫名其妙。

突然，其中一位青年说：“我们都合格了，回去吧！”大家猜猜，这位青年为什么知道大家都合格了呢？

原来，“答”是个个合的合体字。

# 伍子胥智斗老相国

春秋时期，有一个叫伍子胥的人。他能文能武，能言善辩，人们都传说他做相国最合适了。吴王听了以后，就派人把他召进宫殿，当着文武百官的面，要考考他是否有真本事。

吴王让两个士兵抬来一个大鼎，伍子胥只用一只手就把大鼎举过了头。吴王又叫吏官问了许多文化知识，伍子胥都对答如流。

这时，老相国急了，他怕自己的位置保不住了，就出了一个怪谜："兄与弟同姓，弟与兄同名，兄有荫山秀，弟有万里明。"

伍子胥不慌不忙地说："我也有一个谜请教：霜有

雪没有，箱有柜没有，你有我没有，立功自会有。”

老相国冥思苦想了半天，还是说不出谜底。最后，君王让伍子胥做了相国。原来，两人的谜底都是“相”字。

## 举一反三

谜面：刘邦大笑，刘备大哭。（打一字）

谜底：翠。

解析：项羽死了，刘邦大笑；关羽死了，刘备大哭。项羽和关羽都有“羽”字；“卒”是死的意思。“羽”和“卒”组合即是“翠”字。

# 妙趣字谜

从前，有一位知名学者，勤奋好学，学识渊博。

一晚，他住在一家旅店里。店主的女儿好学，粗通文墨，得知学者到了这里，便向他请教。学者年逾（yú）花甲，平易近人，有问必答。店主的女儿说：“我出个谜给先生猜，好吗？”学者说：“好，我倒是很喜欢猜谜的。”店主的女儿轻轻道来：“二人并坐，坐到二更三鼓，一畏猫儿一畏虎。打一字。”

学者想了好久，也理不出个头绪。他反复推敲：二人并坐可能包含两个“人”字，可是一个畏猫一个畏虎，就不会是两个“人”了，那么就该是两个字在一起合成一个字。什么怕猫呢——鱼，什么怕虎呢——羊。对了，是个“鲜”字！他捋着长长的胡子说出答案。

店主的女儿却笑了笑说：“不对！”学者问：“怎么不对？”店主的女儿说：“既然提及坐到二更三鼓，则必有其意！”学者想了想恍（huǎng）然大悟：“对了，二更者亥时也，三鼓者子时也，为鼠，惧猫；亥是猪，畏虎，莫非是个‘孩’字吗？”店主的女儿点头称是，学者不禁颔（hàn）首称妙。

## 举一反三

谜面：地支不全，缺少中间。（打一字）

谜底：孩。

解析：只有两头的地支。十二地支中，两头的是“子”和“亥”。

# 猜谜破案

从前，商人张三带了一百两银子，搭李四的船去外地贩货，不料半夜却发现银两竟不翼而飞。由于船未曾靠过岸，张三心想，一定是李四偷了，但李四死不承认。天一亮，张三就扯住李四吵吵嚷嚷地上岸打官司。

县官早就听闻李四有偷盗的前科，再听了张三的申诉，心中已知大半。但李四矢（shǐ）口否认，捉贼需捉赃，县官即派差役上船搜赃，岂料一无所获。

正在犯难之际，忽然有一位秀才模样的人上堂呈献一幅国画，请县官指正。这个时候送画干什么？其中必有蹊（qī）跷（qiao）。于是县官急忙打开画细看，

只见画上除了一棵被大风刮得摇摇欲倒的树外，别无他物。县官继而一想，脸上露出了微笑。原来，此画是助他破案呢。因为画的含义是危木，合为“桅”字，暗示赃物藏在桅杆顶上。在画的启示下，那个县官很快查出赃物，李四哑口无言，只好乖乖地招了。

## 举一反三

传说，唐伯虎有一张画要出卖，画面是一条长着黑毛的狗。画旁有文字说明：“此画是谜语画，打一字。买者付银三十两，猜中者分文不取。”这种出卖方式吸引了众多文人墨客，但无人猜中。

一天，一位秀才上前取画便走。唐伯虎忙问：“买画吗？”秀才摇头。“你猜中谜底了吗？”秀才点头。“请你把谜底说出来。”秀才不语。唐伯虎说：“你猜中了。”

原来，谜底是“默”字。

# 姓氏趣谜

两个书生赴京赶考，在旅店相遇，互问贵姓。

甲说："左边加一是一千，右边减一是一千。不加不减再计算，其中共有一千。"

乙说："左看不出头，右看不出头。左右一齐看，两个不出头。"

正巧旁边有位教书先生，听了两个书生报姓的方式很感兴趣，便也来凑热闹。他先向两个书生道一声："任、林二君可好？"二人不觉一惊，一看过来的这位老者并不相识，便问："老人家，咱们素不相识，何以知道我们两人的姓？"老人笑着说："刚才你们二位不是互通尊姓了吗？"

他们又问老人贵姓，老人却吟出一阕（què）《忆江南》来："遥望处，牛女正双栖。天上人间相与共，银河杳渺水迷离，新月落西垂。"

两个书生猜了半天也没猜出来。忽听店家女儿来到桌前喊了一声："滕老先生，您的菜来了！"二人才恍然大悟，他们不禁佩服店家女儿的聪明，也称赞这个字谜比他们的谜更高明，更有文采。

## 妙趣横生

从前，某十字路口有一家酒馆。一天，一个货郎来这里歇脚饮酒。他把油挑子往墙边一靠便坐了下来，酒馆的老板娘上前问道：“客官贵姓啊？”

货郎听了，顺手指了指靠在土墙上的扁担说：“我就姓这。”

老板娘一看，便说：“噢，原来是杜大哥，请用茶！”

货郎一听，这老板娘倒挺有见识的，便也问道：“老板娘，您贵姓？”

老板娘笑了笑说：“免贵，我姓的是‘十字路口，嫦娥站在一边啾’。”

货郎斟了一杯酒说：“胡大嫂，谢谢您的关照了！”两人哈哈大笑。

# 为何送顶白纱帽

朱棣是明太祖朱元璋的第四子，被封为燕王。朱元璋死后，其长孙朱允炆（wén）继位。朱棣觊（jì）觎（yú）皇位已久，正蓄谋篡（cuàn）夺侄子的皇位。当时有个跟朱棣关系密切的和尚，法号道衍（yǎn），看出了朱棣的心思。他有意协助朱棣，却又不便直说。为了暗示他的心意，便给朱棣送去一顶白纱帽。朱棣接到白纱帽后，思索良久，才恍然大悟。

原来，道衍是用实物谜的手法来表达自己的意愿，因为朱棣是燕王，在“王”的头上戴一顶“白”帽，不就是个“皇”字吗？

后来，朱棣在道衍的辅助下，最终取得了皇位，当上了明朝的第三位皇帝。

## 举一反三

传说，苏轼与寺庙里的和尚关系非常好。一天，他让书童戴上草帽，穿着木鞋，到寺庙里取一样东西。书童问取什么东西，苏轼说："和尚一见到你就知道了。"

果然，和尚一见书童的打扮，立即就明白了苏轼要取的是什么。于是，便将苏轼所需要的东西交给了书童。书童一看，原来苏轼让他取的是"茶"。

# 徐霞客问路

明朝徐霞客为了编修《徐霞客游记》，走遍大江南北，历尽千辛万苦。

一天，徐霞客翻过一座山后，来到一处岔（chà）路口，见眼前有左、中、右三条路，不知该怎么走。

正在为难之际，迎面走来一个书童，徐霞客忙上

前问路。书童看了他一眼，没吱声，随手在地上写了一个“主”字，转身就离开了。徐霞客低头略一思索，恍然大悟。于是，他按照书童的提示，沿着左边那条路走去。

原来，“往”字去掉左边即成“主”字，因此书童写“主”的意思是往左边去。

## 举一反三

·去县城怎么走·

夫妻二人去县城。他们来到一个岔路口，不知道该朝哪个方向走。丈夫去问路边的老人：“大爷，去县城怎么走？”老人说：“要女的走开。”丈夫让妻子离得远一点儿，然后说道：“大爷，去县城怎么走？”老人还是那句话：“要女的走开。”丈夫说：“我妻子已经走开了。”老人笑了笑说：“我已经告诉你了。”丈夫先是一愣，再一琢磨，明白了老大爷的用意。二人按照老人所指的方向又继续赶路了。

原来，“要”字去掉“女”，即为“西”，因此，老人的意思是让他们往西走。

# 巧作谜联讽贪官

清朝同治年间，有个贪官叫柳儒卿。此人欺上瞒下，横行不法，人们背地里叫他“柳剥皮”。

这一年，县里大制灯谜，有人专门制作了一副谜联，带来送给柳儒卿。那副谜联是这样写的：

本非正人，装作雷公模样，却少三分面目；

掼（guàn）开私卯（mǎo），会打银子主意，绝无一点良心。

各打一字。

柳剥皮不知其中奥妙，说：“很好，很好。”叫人贴了出去。人们很快猜出谜底，个个捧腹大笑，齐声称赞：“这个谜作得好！”

原来“非止人”是“亻”，“装作雷公模样，却少三分面目”是“需”（需与雷相近，“面”少三横为“而”），上联合而为“儒”字。“掼开私卯”，即将“卯”分在两边，“会打银子主意，绝无一点良心”为“艮”，下联合而为“卿”字。

这样，上下联所猜字为“儒卿”。这副谜联借对“儒卿”二字的拆析与描画，贬斥“儒卿”的阴险歹毒，字字句句鞭辟入里。

## 妙趣横生

相传，一日纪晓岚与乾隆谈及谜语，乾隆伸出一只脚，说：“人言爱卿聪慧过人，朕以此出一个谜，打一字，你能猜得出吗？”

纪晓岚正颜道：“微臣已猜到，不过要请万岁恕我无罪。”乾隆允诺，纪晓岚说：“是个‘蹄’字。”

乾隆大怒，纪晓岚解释道：“脚者，足也。万岁，皇帝也。蹄字是由足、帝二字组合而成的。故唯有万岁爷的脚，才堪称帝足矣。”乾隆皇帝闻之确有理，只好不予追究。

# 王安石“用”书童

北宋王安石想招一个书童，就派人传出消息：凡是想当书童的，必参加考试，考试的题目就是猜谜语。

这一天，来了一个孩子，他的家里虽然很穷，但是他学习刻苦，聪明伶俐，王安石接连出了三个谜，他都很快就猜出了答案。身边的人问王安石：“这个孩子

用还是不用？”王安石一言不发，拿起笔又写了一则字谜：“三山倒挂，两月相连；上有可耕之田，下有长流之川；一家有六口，两口不团圆。”身边的人还在奇怪呢，那孩子却高兴地跳起来，连声对王安石道谢。

原来，王安石的谜底就是“用”字。

## 举一反三

谜面：可上可下。

（打一字）

谜底：哥。

解析：两个“可”字合到一起，一个在上，一个在下。

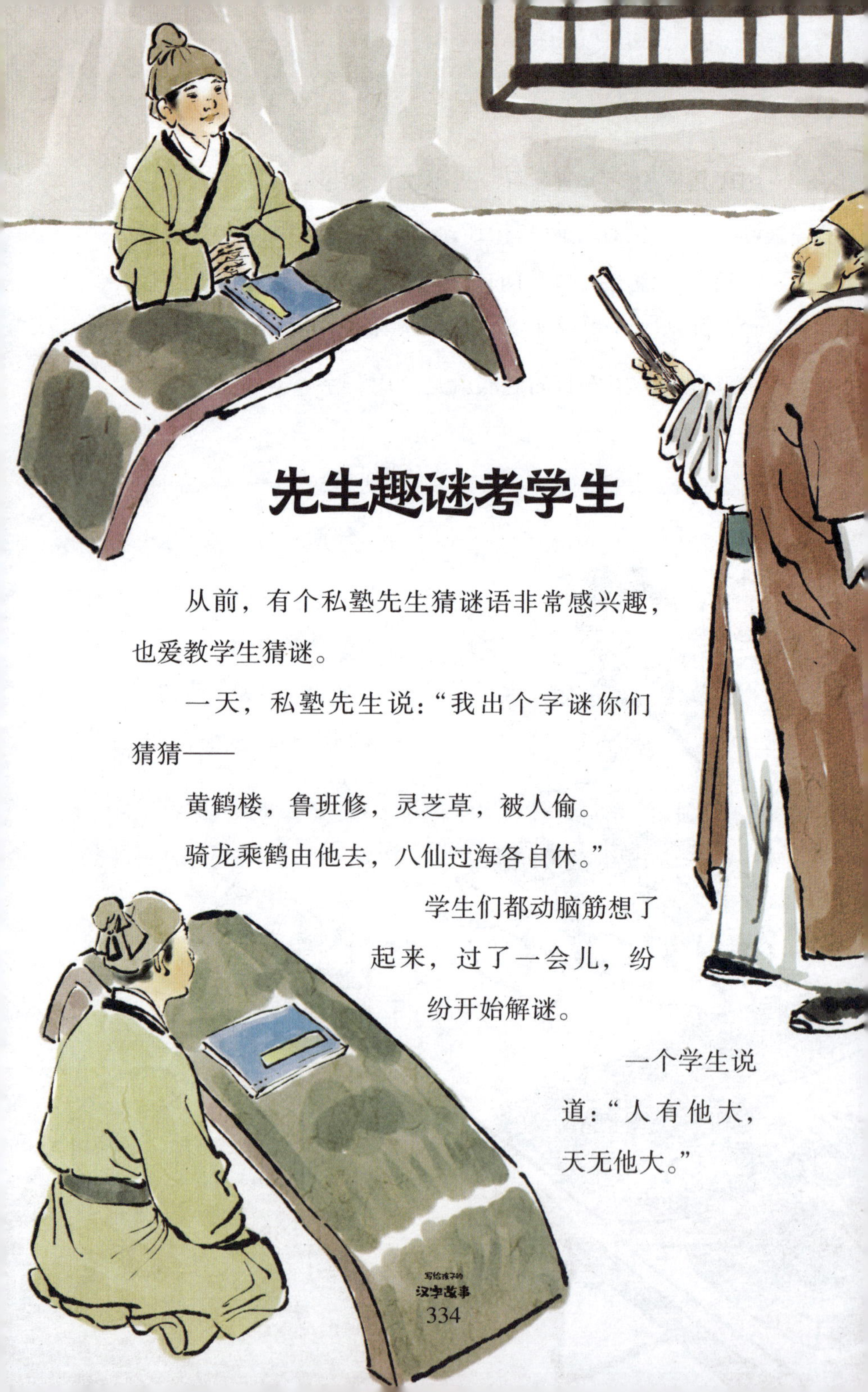

# 先生趣谜考学生

从前，有个私塾先生猜谜语非常感兴趣，也爱教学生猜谜。

一天，私塾先生说：“我出个字谜你们猜猜——

黄鹤楼，鲁班修，灵芝草，被人偷。

骑龙乘鹤由他去，八仙过海各自休。”

学生们都动脑筋想了起来，过了一会儿，纷纷开始解谜。

一个学生说道：“人有他大，天无他大。”

另一个学生说道：“我看这个字竖看像根柱，横看像架梁，世上数状元，就是不成双。”

第三个学生说道：“这个字是兄弟排行他在先，年年月月他在前，孤孤单单他独眠。”

又一个学生接着说道：“老师这个字不在上边，且在下边，正在两头，卡在中间。”

私塾先生听了学生们的对答，非常满意。原来，老师的谜底是个“一”字。

## 举一反三

谜面：春雨绵绵妻独宿。（打一字）

谜底：一。

解析：“春”字“雨绵绵”自然无“日”，“妻独宿”自然无“夫”，去掉“日”“夫”，“春”字剩下了“一”。

# 文必正吟诗献“福”

文必正是明朝洛阳有名的才子。由于爱慕霍天官霍荣之女霍锭（dìng）金，文必正假意卖身到霍府，伺（sì）机会见霍小姐。

有一天，文必正有意在天官面前显露自己的才华。他对霍荣说：“大人，您这厅堂陈设华丽，阔绰无比。但依小人看，似乎美中不足，还缺少

一物。”霍荣听后问道：“你说老夫这厅堂上还缺少何物？”文必正答道：“大人，您这堂前如能再添上这个字，那就既能突出您高贵的身份，又能起到烘云托月的气氛。”

“噢？此字如此重要，你且快快说来。”

“恕小人斗胆，我吟诗一首，此字暗隐其中，有谬（miù）误之处，望大人指正。”

“你且吟来。”

于是，文必正声音朗朗地吟道：“初下江南去点刀，大好江山无人保；中原危难无心坐，思念君王把心操。”

霍荣听罢，连声称赞：“好字，好字。”说完，就请文必正书写，并挂在厅堂的正中央。

原来，文必正诗中说的是个“福”字。

## 边读边想

“初”字去一点，去“刀”，得个“福”字的左半；“大”字去“人”，得“一”；“中”字“无心坐”，即是去了“中”字中心的一竖，得个“口”字；“思”字去了“心”，得个“田”字。这个诗谜最终合成一个“福”字。

# 夫妻家书显真情

有一对夫妇，平日相处十分融洽，彼此情投意合。

一次，夫妇二人因琐事吵架，丈夫一气之下外出经商。一年过去了，丈夫在外风餐露宿，非常思念妻子。

有一天，妻子接到丈夫托人带回来的一封家书，心中十分高兴，拆开一看，是四句诗谜：

二人力大顶破天，十女耕田缺一边。

我要赶羊羊骑我，千里连土土连田。

妻子捧着信琢磨了一番，猜到了这四句话所打的四个字：原来丈夫对自己说的是“夫妇羲重”（“羲”为“义”的繁体字）。她被丈夫的表白所打动，思念之情不可抑止，便提笔给丈夫回了一封信，也是一首诗谜：

只因心相连，受下交朋友。

芳心青春在，探源水漫手。

丈夫收到信后一看，万分感慨：好一个“恩爱情

深”啊！有妻如此，夫复何求？当即收拾行装，踏上归家之途。丈夫到家后，妻子笑脸相迎，夫妇二人就此合好。

## 妙趣横生

从前，有个秀才去拜访朋友。一进朋友家大门，他就彬彬有礼地念了一首字谜诗：

寺庙门前一头牛，二人抬个哑木头。

未曾进门先开口，闺房女子紧盖头。

朋友稍一思忖，领悟了秀才的意思，也用字谜诗作答：

言对青山不是青，二人土上在谈心。

三人骑头无角牛，草木丛中站一人。

原来，秀才字谜诗的谜底是：“特来问安。”朋友字谜诗的谜底是：“请坐奉茶。”

# 秦观巧求婚

相传苏轼有个妹妹叫苏小妹，才貌双全，智慧过人，向她求婚的人络绎（yì）不绝。

九九重阳，秋高气爽。苏轼邀秦观来到秋香

亭饮酒赏菊。席间，苏轼笑问：“贤弟风姿俊逸，才辩无双，何以迟迟不择婚配？”

秦观回答：“吾非草木，岂然无情，小弟久慕一位窈（yǎo）窕（tiǎo）淑女，只是难于启齿。”

苏轼爽朗一笑：“这有何难！说出来包在愚兄身上。”

秦观沉吟了片刻，笑着说：“待小弟制个字谜，仁兄猜猜。”说罢即赋了一首词：“园中花，化为灰，夕阳一点已西坠。相思泪，心已碎，空听马蹄归，秋日残红萤火飞。”

苏轼一听，恍然大悟，哈哈大笑：“原来你的意中人是我的妹妹。”于是苏轼引线穿针，巧妙撮（cuō）合，秦观、苏小妹终成就金玉良缘。

## 边读边想

“园中花，化为灰”，空余“艹”；“夕阳一点已西坠。相思泪，心已碎，空听马蹄归”，“夕”坠去“一点”，“思”字碎去“心”字，“馬（马）”字的底部（足、蹄部位）为“灬”，合为“魚（鱼）”字；“秋日残红萤火飞”，萤火飞则天已晚，故秋日残红去“火”去“日残红”余“禾”。这样，“艹”“魚”“禾”字拼合为“蘇（苏）”。

# 门前的对联

有一位爱猜谜的官员，经常在自己的房里挂一些谜语，欢迎朋友们来他家交流切磋（cuō）。他还在官府门口贴上这样一张纸条：

话不老，镜中人。

中者进，惑者遁（dùn）。

除了几位经常和他猜谜的老朋友外，许多过路人对这些话看不明白，也没有人敢进来。

一天，有个八九岁的孩子径直走了进来，门前守卫挡都挡不住，官员闻讯出来，问道：“你来做什么？”孩子说：“不是你请我进来的吗？”官员一时不明白，又问：“我什么时候请过你？”孩子说：“哈哈，你的门口明明贴着‘请入’两个字，怎么就不认账了呢？”官员这才明白过来，连忙请进那个孩子，两人一起猜谜、论谜，相处十分融洽。后来，官员留下那个孩子当了门童。

## 举一反三

谜面：乡下山水面貌变。（打一字）

谜底：绿。

解析：笔画变形法。乡字变成“纟”；山字变成“彐”；水字变成“氺”，三个变形字组合在一起便是“绿”字。

# 绝妙好辞

东汉时，上虞（yú）有个姑娘叫曹娥，因父亲淹死在江中未打捞出尸体，心中十分悲痛，便投江自尽。上虞官府上奏朝廷表彰曹娥为孝女，并为她立了一块石碑，名叫“曹娥碑”，请才子邯郸淳（chún）写碑文。

据说邯郸淳文章写得特别好，大文学家蔡邕（yōng）听说了这件事后前往观看。赶到时天已经黑了，他便用手摸着碑文读，读完之后在碑的后面写了八字批语：黄绢、幼妇、外孙、齑（jī）臼（jiù）。

后来，曹操从碑旁经过，看到了蔡邕的题字，一时不解其意，便问随行人员有谁理解。主簿（bù）杨修回答说：“我理解。”

曹操说：“你先别说出来，让我再想一想。”一行人向前又走了三十里，曹操和杨修分别写下了答案。

杨修说：“黄娟，是带颜色的丝，色丝合一‘绝’字；幼妇，是年少的女子，少女合一‘妙’字；外孙，是女儿之子，女子合一‘好’字；齑臼是接受辛辣之物

的器具，受辛合一‘辞’字。总合起来是‘绝妙好辞’四个字，是赞美碑文写得好。”

曹操的答案和杨修的一样，他感叹地对杨修说：“我的才力和你相距三十里。”

## 边读边想

故事中所讲的制谜方法由拆字复合，化形衍义而成。此后，凡是按照这种规法所制的谜语，均称为“曹娥格”。

# 骆宾王写请帖

相传，“初唐四杰”之一的骆宾王从小就聪颖过人，七岁时就以《咏鹅》一诗闻名遐（xiá）迩，博得“江南神童”的美誉。

一次，骆宾王过生日，到了开宴的时间，客人们陆续入座了。唯独一位好友没有到，骆宾王便又派书童给这位朋友送去一张写有四句话的请帖：

自西走到东边停，蛾眉月上挂三星。

三人同骑无角牛，口上三划一点青。

那位朋友看完请帖，深受感动，连忙放下手中正在整理的书稿，赶到骆宾王家去赴宴。有位客人说：“听说你在家整理书稿，我们以为你不来了呢。”这位朋友说：“骆兄‘一心奉请’，我就是再忙也不能不来啊！”

众人都开心地大笑，生日宴格外热闹。

## 边读边想

骆宾王的请帖是一个谜语，每句打一个字。首句谜底为“一”，看看写“一”字时笔的走势即知；第二句是根据“心”字的形态作奇思妙想；第三句是“三十人十牛”去掉笔画一撇；第四句中“请”的繁体字的写法就是“請”。

# 辛未状元

南宋辛未年间举行会试的时候，有一个叫袁舜臣的举子，他的马镫上很工整地写着一首诗：

六经蕴藉胸中久，一剑十年磨在手。

杏花头上一枝横，恐泄天机莫露口。

一点累累大如斗，掩却半牀（床）何所有。

完名直待挂冠归，本来面目君知否。

当时到京城来赶考的举子很多，几乎个个能诗善文，人们看了袁舜臣的诗，都只当是一首普通的诗，未加注意。

后来，一位从苏州来的举子看了这首诗，才说这是一首诗谜。诗的头两句的“六”“一”“十”合起来是“辛”字，第三、第四句“杏”字“莫露口”为“木”字，头上加一横为“未”字；第五、第六句的“一点大如斗”是“犬”字，“半牀”为“爿”旁，合为“狀（状）”字；第七句“完”字摘去帽子为“元”字，四个字合起来就是“辛未状元”，这是表明袁舜臣立志要夺取辛未科的状元。

## 举一反三

谜面：十两多一点。（打一字）

谜底：斥。

解析：增字法。“十两”增加“一个点”。十两是一斤，为“斤”；一点为“、”。“斤”与“、”组合为“斥”。

# 小和尚智解谜语救寺庙

古时候，长安有座寺庙，寺庙里有个小沙弥。他酷爱读书，喜欢做文字游戏。

有一天，一位远方来客求见知事僧，打算把朝廷将要抄查寺庙的消息告诉他。可是，上门多次，均被守门的武僧拒之门外。这位客人非常生气，便在寺庙门上题道：

龛（kān）龙去东海，时日隐西斜。

敬文今不在，碎石入流沙。

这个小沙弥看了后，对众和尚说：“龛去龙字是‘合’字，时（繁体字为‘時’）隐日是‘寺’字，敬的文不在是‘苟’字，碎去了石是‘卒’字，这把我们全寺的人都辱骂了。”

知事僧听说此事后，赶紧去追赶那位客人。客人被追回后，见知事僧盛情款待，就把自己所听到的消息悉数告知，让众僧有所准备。从此以后，众僧都对这个小沙弥刮目相看了。

## 举一反三

谜面：两人都让座。（打一字）

谜底：庄。

解析：“让”字表示“去掉”的意思，“座”字去掉两个“人”是“庄”。

# 祖孙猜谜趣事

相传杜甫自幼聪慧，祖父杜审言十分喜爱他。在一个金秋的黄昏，祖孙二人漫步田野，农夫正忙着收割，杜审言触景有感，便吟诗四句，打算考考孙儿。吟出一则诗谜：

四个“不”字颠倒颠，四个“八”字紧相连。

四个“人”字不相见，一个“十”字立中间。

杜甫沉思片刻，便说出了答案。祖父喜上眉梢，笑在心间。

杜甫也触景生情，吟出一则四句诗谜，让祖父来猜：

四座大山山对山，四条大川川对川。

四方日暖春光好，四家窗口紧相连。

杜审言沉吟片刻，也猜出了答案。

原来，两则诗谜的谜底分别为“米”和“田”。

## 举一反三

谜面：三人踢球，一人倒钩。（打一字）

谜底：似。

解析：“、”即球，整个谜面如同描摹绿茵场上的激烈场面，堪称神来之笔。

# 非也

从前，有个秀才迂腐自大，一天到晚“之乎者也”地到处卖弄。有个酒店老板知文断字，特别看不惯秀才的行为。

一天，酒店老板见秀才又在街上转文，便把秀才请到店里，说道：“我这里有个谜，正想请教你。你解得出来，今日酒钱全免。你要解不出来，罚你今后说话不准带一个‘也’字。”秀才说：“行，你说谜面吧。”老板就说了一个故事：

春秋时期，孔子和他的两个学生子路和颜回聊天，孔子问学生：“是也？非也？”子路答：“是也。”颜回答：“非也。”二人争执不下。孔子曰：“是也，则直在其中矣！”两个人点头，都说：“非也。”

老板问：“这是个什么字？”

秀才听得一头雾水，孔子明明说“是也”，子路和颜回却又说“非也”。究竟“是也”还是“非也”？他绞尽脑汁，终究一无所获。

老板笑着蘸着酒在桌子上写了一个“乜（niè/miē）”。

秀才刚要念“也”，一看又不是“也”。可孔子为什么又说“是也”呢？

老板笑着说：“孔子说‘直在其中’才是‘也’呢。”

秀才自知才疏学浅，羞愧万分，此后再不敢逢人便“之乎者也”了。

## 举一反二

谜面：长安一片月。（打一字）

谜底：胀。

解析：增字法。“安”字表示“增加”的意思，“长”字安上“月”字，为“胀”。

# 秀才救酒家

从前，有个酒家酿有好酒，只是夫妻二人不擅长宣传，所以生意一直不好。

有位秀才乘船到州府参加科举考试。一天，他走进这个酒家小歇，要了二两酒，喝后连声夸赞道：“入口醇正，下肚绵柔回甜，余香悠悠，果真好酒。”

秀才赞罢，见店老板愁眉苦脸，唉声叹气，大惑不解，于是问明原委。秀才听罢笑道：“老板无须犯愁，我有办法让你的生意兴隆起来。”说罢，他让酒家老板取来文房四宝，写了一首诗贴于店门口。

一轮明月挂天边，淑女才子并蒂（dì）莲。

碧波池畔（pàn）酉（yǒu）时会，细读诗书不用言。

过路的人一看，纷纷进店喝酒。这个酒家从此生意兴隆起来。

原来，这首诗每句为一个字谜，合起来为“有好酒卖”。

## 举一反三

谜面：人多一点点。（打一字）

谜底：灭。

解析：增字法。“人”字增加“一点点”，“点点”表示两个“、”，谜面的意思是“人”与“一”和两个“、”组合成“灭”。

第八章

# 毫厘之差谬千里

## ——错别字故事与汉字的忌讳

# 一个别字丢状元

宋仁宗至和年间，四川成都府书生赵旭，写得一手好文章。有一次京城科举选考，他赶忙进京赴考。考试完毕，他自认为考得非常满意，高中必有希望。

不久，宋仁宗早朝上殿询问考试情况。试官就将前三名文卷呈到御前，宋仁宗亲自御览。他看了第一卷对试官说：“此卷答得极好，可惜卷中有一个错字。”试官问：“何字？”宋仁宗笑了笑，指着错字说：“乃是一个‘唯’字，原来的口旁写错成厶旁。”试官即拜奏说：“此二字可通用。”宋仁宗速命此卷考生赵旭进见。

赵旭叩拜宋仁宗。宋仁宗对赵旭说：“卷内确有错字。‘唯’本口旁，卿如何写作厶旁？”赵旭回奏：“此二字可通用。”宋仁宗不悦，就在御案上取下文房四宝写下四个字给赵旭说：“卿家看看，吴矣、吕台，卿言通用，与朕诉来！”赵旭看了半晌，无言以对。宋仁宗说：“卿可暂退读书。”赵旭即将到手的状元桂冠就此落地。

## 妙趣横生

谜面：人人向未来。（打一字）

谜底：徉。

解析：人人，同“彳”；未，假借十二生肖中的“羊”。

# 马芮看病

著名演员马德华曾在电视连续剧《西游记》中扮演猪八戒一角，并以出色的表演征服了观众。然而，他改名的一段趣事却鲜为人知。

马德华原名马芮（ruì），有一天，他患了重感冒，到一家医院去看病。他排队等了 20 多分钟，只见一位值班护士拿着挂号单在走廊里喊道：“马内，马内，谁叫马内？”马芮东瞅西看，见没人答应，心想，大概是叫我吧！于是就走进门诊室，果然是他。接着，他去化验室抽血后，又等了好一阵子。突然，化验员大声喊道：“马苗，谁叫马苗？你的血化验好啦。”马芮不敢答应，眼看化验室要关门了，他才赶忙进去抓住化验单。女化验员不耐烦地说：“你就是马苗，刚才叫你怎么不回答？”

后来，马芮到药房取药时，药剂师隔着玻璃窗喊道：“马丙，马丙的药好啦！”马芮不敢怠（dài）慢，抓起药就往注射室走去。谁知那位女护士拿起他的注射单一看就笑了：“哟，你这个人怎么叫马肉，名字可真怪。”弄得马芮啼笑皆非。

后来，马芮参加了电视连续剧《西游记》的拍摄。他想起看病的事，不禁想到，这么多人不认识我这个“芮”字，如果名字印到屏幕上，还不知会被叫成啥呢！于是当即改名为“马德华”。

## 匡误辨正

错误：渭然成风。

正确：蔚然成风。

解释：指一件事情逐渐发展盛行，形成一种良好风气。蔚然：草木茂盛的样子。

# 薛蟠读画

《红楼梦》第二十六回中有“薛蟠（pán）读画”的故事。

薛蟠说：“你明儿来拜寿，打算送什么新鲜物儿？”

宝玉说：“我没有什么送的……唯有写一张字，画一张画，这才是我的！”

薛蟠笑道：“你提画儿，我才想起来了。昨儿我看见人家一本儿，画得很好，上头还有许多的字，我也没有细看，只看落的款，原来是什么‘庚黄’的，真好得了不得！”

宝玉听后说：“古今字画我也都见过些，哪里有个

庚黄……”想了半天，不觉笑起来。命人拿过笔来在手心里写了两个字，又问薛蟠道：“你看真的是庚黄吗？”薛蟠说：“怎么没有看真？我看得真真切切。”宝玉将手一撒给他看道：“可是这两个字吧！”……众人看出原来是“唐寅（yín）”两个字，都笑道：“想必是这两个字，大爷一时眼花了，也未可知。”薛蟠自觉没趣，笑道：“谁知他是‘糖银’还是‘果银’的。”

## 妙趣横生

有这样一则笑话：

在一个晴和的日子里，一些人正在开会。忽然，从外面传来一份信件，会议主持人接过一看，只见信封上的字迹十分潦草，尤其是收信人的姓名，蟹走蛇行，模糊难辨。主持人紧皱眉头，开始揣度起来：姓，像“张”字，又好像“纸”；名字的第一个字，像老、考，又像志、孝；第二字，像虎、彪，又像虑、虚，姑且就叫他“纸—老—虎”吧！

会议休息期间，主持人挥动着这封信对大家说：“谁叫纸老虎？快来拿信！”话音刚落，引起了爆破似的笑声。

收信者姓张名志彪，当他接过信后，风趣地说：“想不到我这个张志彪，一下子就变成了纸老虎，实在倒霉！”

# “季达”的两把大“爹”

有一个学生爱看《水浒（hǔ）传》，但识字不多，经常读错字，闹出笑话。

一次，他的朋友来拜访他，见他正在看《水浒传》，便随口问道：“老兄在读什么书？”“水许传。”那个学生一本正经地回答。朋友听了，知道他又读了错字，故意接着说：“古今著作，可谓汗牛充栋。但是，《水许传》一书却从来没有听说过。不知书中描写的都是一些什么人物？”

“书中有个人物‘季达’[即李逵（kuí）]。”学生又一本正经地说。

朋友听了，更假装不明白，接着又问道：“更奇了，古人名字中从没有听过有叫季达的人。请问这个季达是何许人也？”

学生又做着手势说：“此人手使两把大爹（斧），有万夫不当之男（勇）。”

## 说文解字

从古至今，把“水浒”误读为“水许”的大有人在。“浒”为形声字，从水，许声。本义为“水边”，指离水稍远的岸上平地。“浒”做地名时，读作 xǔ，例如江西省有个“浒（xǔ）湾”，相传是因为乾隆皇帝南巡过浒湾时将“浒（hǔ）湾”读作“浒（xǔ）湾”，于是当地的老百姓也纷纷改口，字典里的“浒”也成为多音字。

# 县官审“亲爹”

有一个县官，胸无点墨，官是花钱捐来的。有一天，他坐堂问案，文书呈上名单，上写原告、被告及见证等三人。原告叫郁工来，被告叫齐卞（biàn）丢，见证人叫新釜。

县官点郁工来，错呼成“都上来”，三人便一齐上前。县官发怒道：“本官只叫原告一人，为什么全都上堂来？”文书在旁，不便直接指明他的错处，机灵地说道：“原告名字另有一种念法，叫作郁工来，不叫都上来。”

县官又点被告齐卞丢，误说成“齐下去”，三人只

好一齐退下。县官又大发雷霆："本县叫被告一人，怎么又全都下去了？"文书又上前解释说："被告名字也另有念法，叫齐下丢，不叫齐下去！"

县官不耐烦地说："证人的名字，你说该念作什么？"文书答道："叫新釜。"县官转怒为喜，自作聪明地说："我想必有新的念法，不然，我要叫他'亲爹'了。"

## 知识链接

·生活中常见的别字·

注：括号中的是正字。

甘败（拜）下风　自抱（暴）自弃　凑和（合）

迫不急（及）待　悬梁刺骨（股）　精萃（粹）

烩（脍）炙人口　出奇（其）不意　针贬（砭）

一如继（既）往　鼎立（力）相助　松驰（弛）

沤（呕）心沥血　声名雀（鹊）起　既（即）使

谈笑风声（生）　做（坐）月子　泊（舶）来品

挖墙角（脚）

# 孝子翻跟斗

从前，有个忠厚的庄稼汉，姓潘名银斗，娶妻乜（niè）氏，夫妻俩对父亲十分孝顺。父亲死后，为表孝心，他们专门去庙里做斋，以超度父亲的亡灵。

做斋的僧人识字不多，诵读孝子名单时，随心所欲地念道："孝男——翻跟斗——"

潘银斗听说要他翻跟斗，先是一怔（zhèng），继而想道："必是亡父在阴曹地府遭受磨难，叫我翻跟斗为他赎罪。"于是，他在灵前地上横一个竖一个地翻起跟斗来，直累得浑身是汗，两腿发软。

僧人不知何故，但因斋事不可中断，所以也没有管他，于是继续念道："孝媳——乜氏——"

潘银斗听到"也是"二字，一时手忙脚乱，赶紧向僧人叩头哀求："高僧，我老婆怀有身孕，不能翻跟斗呀，实在要翻，就让我替她吧！"说完，他又翻滚在地。

僧人见状，唯恐如此下去，场面更加难以收拾，

于是便顺势挥手说：“你们回去吧，好好祭奠亡灵，跟斗就免了！”

## 知识链接

“乜”字跟“也”仅一笔之差，但读音迥（jiǒng）异，当姓讲时读作 niè。乜姓有三种来源：①出自姬姓，以地为氏。春秋时卫国大夫食采于乜城，以地名为姓。②出自番姓，蒙古族后代。据史书记载，明代蒙古族瓦剌部首领叫乜先，他攻打明朝失败后，与明王朝和好，

他的后人有的进入中原，定居于山东境内。也先的子孙与汉人融合，改姓为乜。③回族姓氏之一，主要分布在西北地区。“乜”字另一个音是 miē。

# 读错字丢官

秦朝有位武将名叫阮（ruǎn）翁仲，高个子，勇猛异常，带领将士守边，战功赫赫。翁仲死后，人们便在其陵园刻造石像，以示纪念。

相传康熙皇帝一次出游，随从文臣甚众。当来到这座陵园时，康熙无意中指着里面的石人问一翰林："此系何人？"不知是紧张还是旅途劳顿，学识渊博的翰林竟然答道："此乃仲翁。"堂堂翰林，竟将"翁仲"作"仲翁"，皇上一听，大为不悦，当即写了一首诗：

翁仲如何作“仲翁”，十年窗下欠“夫功”。

从今不许为“林翰”，贬向山东作“判通”。

于是，这个翰林就被贬出京城到山东某地做通判（地位略次于州府长官的官）去了。

## 匡误辨正

错误：凶神恶刹。

正确：凶神恶煞。

解释：原指凶恶的神，后用来形容非常凶恶的人。煞：凶神。

提示：煞有迷信中的凶神恶鬼的意思。所以，该成语应该用煞，而不是刹。

# 高山滚鼓之妙

一天，一个自命不凡却文理不通的读书人白文秀东拼西凑写成一篇文章，甚为得意，便送给苏轼过目，说道：“此乃拙作，望老师批点。”

苏轼接过文章，只见标题是《读过泰论》，半日不解，良久才悟，便大笑道：“当年秦朝发了大水，淹了庄稼，难怪，难怪！（意为‘秦’字下的‘禾’被水淹掉，成了‘泰’字。）”苏轼看毕，一言不发交还给他。

白文秀心想，好歹也要请他点评几句，就央求说：“老师，当今天下识才者少，忌才者多，一篇好文章没有名人推存，就好比一张废纸，请老师多美言几句。”

苏轼一听白文秀把“推荐”说成“推存”，真是又好气又好笑，挥笔在文稿上批了九个字：此文有高山滚鼓之妙！

白文秀喜不自胜，连连说道：“劳骂，劳骂！”可笑他又把“劳驾”说成了“劳骂”。白文秀拿着苏轼的批字到处吹嘘（xū）。

一个秀才对他说：“这是苏轼在给你出谜呢！”白文秀呆住了，问道：“出了什么谜？”秀才说道：“你想一想，高山上滚鼓是什么声音，扑通！扑通！——不通！”

## 妙趣横生

·买伞与买命·

古时候，有一个出门在外的生意人托人捎回一封家书，顺便请对方给自己带回需要的东西。可是，他的妻子收到信时着实被吓了一跳。信中写道：“……此地多雨，吾因未买命，故易得小恙，今日请君返家，代为我买命，切切……”其实这个人将“伞”错写成了“命”，闹出了笑话。

# 孙曰恭丢状元

明成祖在位期间，有一年科举考试，孙曰恭和邢宽都参加了。考试过后，孙曰恭和邢宽的答卷均得到了主考官的好评。主考官反复评析考卷，一致认为孙曰恭的文章稍胜一筹，就定为第一名，邢宽的则定为第二名，并写了一份奏折，呈给明成祖最后审定。

当时，书写的格式是竖行的，明成祖年纪大了，视力有些模糊，他拿起主考官送来的科举考试名单一看，把第一名孙曰恭的"曰恭"两个字看成了一个字。"曰"字下面加个"恭"字，很像残暴的"暴"字。"孙

暴，怎么取这种名字？”明成祖心里很不舒服，再看第二名是邢宽，他不禁高兴起来：“好啊，宽，而且是邢宽，同‘刑宽’是谐音。对民宽厚，不用严刑，真不错。”于是连试卷也不看了，拿起红笔就将邢宽点为头名状元，并在皇榜上批了一行大字：“本朝只许邢宽，岂宜孙暴。”就这样，孙曰恭白白丢了状元。

## 匡误辨正

错误：浮想连篇。

正确：浮想联翩。

解释：很多想象或感想接连不断地涌出。浮想：飘浮不定的想象。联翩：鸟飞的样子，比喻连续不断。

提示：联翩用来比喻连续不断，不要与“连篇”混淆（xiáo）。

# 唐朝“赤鲟公”

鲤鱼是有名的美味佳肴，但唐朝法律却明文规定：鲤鱼要叫“赤鲟（xún）公”，严禁捕食；若偶然捕获，必须马上放生，出售者要打六十大板。

唐代统治者为何禁止人们品尝这种美味呢？这是由于中国历史上所特有的避讳制度。君王对于自己的名号拥有绝对的专利，任何人都不可以直呼其名，假若要称呼，也必须改用其他的方式，这就是所谓的避讳。

据《左传》等史书记载，避讳大约起源于西周，秦汉时期逐渐完备。1975 年年底，湖北省云梦县睡虎地出土的秦代《语书》竹简中，有“以矫端民心”“毋公端之心”等。在这两句中的“端”本应是“正”，这显然是因为避讳秦始皇名字中的“政”而改的。

三国以后，人们不仅要避讳和君主、尊长名字一样的字，避讳音同或者是音近的字，叫“嫌名”。

唐、宋时，避讳的禁令则更加严格，不只当世皇帝的名号不允许有丝毫的触犯，连已死皇帝的庙号也要避讳。到了清朝，尤其是雍、乾之世，更为严格，触犯避讳的禁令成了文字狱中重要的判刑根据。

严格的避讳制度构成了中国封建专制统治的一个特殊画面。唐朝皇族姓李，根据避讳制之中的“嫌名”原则，“吃鲤（鱼）”，也就是“吃李”。在执政者看来，这不只是大大的“不

敬”，而且是对李氏王朝公开的挑衅，于是就有了一个禁止捕鲤鱼的通令，鲤鱼被尊称为“赤鲟公”。

## 知识链接

**·李姓的由来·**

“李”姓在百家姓中是一个大姓。从史书上看，李姓起源和李树的果实有关。

相传，商朝末年，商纣（zhòu）王暴虐（nüè）无道。有一个名叫理征的人，出于好心，直率地劝商纣王改变贪恋酒色、不理朝政的恶习，结果激怒了商纣王而被杀。

理征的妻子契和氏听到消息后，携带年幼的儿子利贞连夜逃跑。当逃到河南西部的伊侯之墟时，母子二人饥饿难忍。幸好契和氏发现附近的野树上结满了叫木子的果实，也就是今天所说的李子。就这样，母子二人靠吃李子保全了性命。为了感激李子的救命之恩，就把王字旁的“理”字改为木子组合的“李”字了。这就是李姓的由来。

# 茅盾不写潦草字

茅盾原名沈德鸿，是现代著名文学家。茅盾中学毕业后，报考北京大学。一个月以后，报上公布了录取名单。茅盾找来报纸，一个个名字看下去，可就是找不到他的本名“沈德鸿”三个字，只找到了一个相似的“沈德鸣”。茅盾很失望，他断定自己没有考上。

过了几天，北京大学竟寄来了录取通知书，原来“沈德鸣”就是他。这是由于茅盾把名字写得不清楚而造成的误会。从那以后，茅盾写字力求用正楷，再也不潦草了。

## 匡误辨正

错误：妄费心机。

正确：枉费心机。

解释：白白地耗费心思。枉：白白地、徒然。

提示：枉有“徒然、白费”的意思。而妄是“胡乱”或“不真实”的意思。

# 只许州官放火，不许百姓点灯

北宋时，有个州的太守名叫田登，为人心胸狭隘，专制蛮横。因为他名“登”，所以不许州内的百姓说到任何一个与“登”同音的字。谁要是触犯了这个忌讳，便要加上“侮辱地方长官”的罪名，轻则挨板子，重则判刑。

一年一度的元宵佳节马上就要到来了，按照以前的习惯，州里要点三天花灯表示庆祝，州府的衙役贴出告示，让百姓按时来观灯。这次可让出告示的小官感到为难，用“灯”字要触犯太守的忌讳，不用“灯”字意思又表达不明白。这可怎么办呢，写告示的小官想了好久，他灵机一动，把“灯”字改成了“火”字。这样，告示上就写成了“本州依例放火三日”。

告示贴出后，百姓看了都很惊慌，以为官府要在城里放三天大火，纷纷收拾行李，争着离开了这是非之地。

## 妙趣横生

### ·非申不可·

宋徽宗宣和年间，有个名叫徐申的徐州知府，自讳其名。

一次，州属某邑有个县官向他汇报公务，陈述道：“有件事一申再申，已经三次申报察署，也没听到回音。”

徐申大怒，责备道：“你是县官，难道不知道我的姓名？竟然有意不避讳！”

谁知那县官是个务实而不肯拍马屁的人，干脆大声禀报：“为民请命，应该申，必须申，非申不可！如果这件事申报府署不做处理，我便要申报到中央户部，申述到尚书台，申报到尚书省，申来申去，直到申死才罢休。”说完，拱手而别。

徐申虽然怒火攻心，也只是长嗟（jiē）短叹，却无法定他的罪名。

# 一钩送命

明朝太学有“集贤門（门）”，顾名思义，就是招揽贤才的场所。集贤门的门额为中书舍人詹希原所书。詹希原是位书法大家，当时京城里的城门、宫殿、楼馆等，到处都有他的墨迹，书法被誉为“国朝第一”。詹希原在题写时，照例在“门”的右下方带上一钩。

一日，明太祖朱元璋出巡到“集贤门”，抬头看到这块匾额，见上面的“门”字有钩，勃然大怒，斥责道：“我正要招纳贤才，你却要关起门来堵塞进贤之路

吗？”于是下令将詹希原斩首，可惜一代著名书法家竟因一钩送命。

## 知识链接

·故宫“门”字之谜·

故宫各门匾中“门”字的末笔直下至底而没有向上的钩脚，这是为什么呢？“门”字没钩脚的传统在宋代就有了。

据说南宋偏都临安后，玉牒（dié）殿失火，殿门被烧光。宰臣奏说，宫殿匾额中的“门”字，末笔都有钩脚，带火笔，因此招火，将这些匾额全部烧掉方能免灾。

从此以后，凡宫殿的匾额，书写时“门”字末笔都直下，无钩脚。不过这个典故带有迷信色彩，纯属无稽之谈。而詹希原为一钩送命的故事，更能说明宫殿匾额“门”字无钩的原因。

# 王锡侯《字贯》案

清朝乾隆时期，江西举人王锡侯历时十七年，编写了一本简明实用的字典《字贯》。想不到，这部普通的字典，却招来了一场大祸。

祸起于该字典一篇王锡侯写的“自序”。王锡侯认为《康熙字典》所收 4.6 万字，查阅时往往“查此遗彼，举一漏十”。而《康熙字典》却是康熙皇帝“御制”的，这样无疑是贬损了康熙皇帝。王锡侯本家有个光棍无赖王泷南，为了报复王锡侯过去曾告发过自己的宿（sù）仇，向官府告发王锡侯的《字贯》有“狂妄悖（bèi）逆”之罪。

乾隆御览了《字贯》以后，勃然大怒，认为该书在“凡例”中“将圣祖、世宗庙讳及朕御名悉行开列”，于是断定“此实大逆不法，为从来未有之事，罪不容诛（zhū），即应照大逆律问拟”。这样《字贯》一案，突然升级为钦办特大逆案。

案发这年十一月，王锡侯即被处死，他的子孙、

弟侄及妻媳二十一人株连判罪，连未满周岁的小儿子也判为功官家奴。查没家产时，把家用锅碗瓢盆、小猪母鸡都计算在内，官府估价不过六十几两银子。

## 边读边想

“庙讳”“御名”就是指康熙、雍正、乾隆三个皇帝的名字——玄烨（yè）、胤（yìn）禛（zhēn）、弘历。当时写到这三个名字，都必须“避讳”，用同音字或缺笔代替。王锡侯早在38岁就中举，

当然是懂得避讳禁忌的。但出于好心，唯恐年轻学子不懂，所以在《字贯》“凡例”中将庙讳、御名都直书。

# 和尚的劫难

明朝开国皇帝朱元璋的忌讳特别多。有一次，朱元璋请了一个和他以前共过事的和尚来宫中吃饭。和尚一见皇帝请自己吃饭非常高兴，在酒宴上即兴赋诗一首，献给朱元璋。

其中有一句：“金盘苏合来殊域。”意

思是，金盘子里装的苏合香是来自不同的地方。朱元璋抓住“殊”字做开了文章。他认为“殊”字左边是一个“歹”字，“歹”字的本义是“死”，后引申为“坏”“恶”的意思；右边的“朱”，指朱元璋自己或朱明王朝，“殊”就是“歹朱”“死朱”“坏朱”的意思，一句话，“朱元璋坏”。他认为和尚用“殊”字有意骂他，于是下令将和尚杀了。

## 说文解字

在汉字中，以“歹”为偏旁的字其意义均与“死”有关。《说文解字》:“殊，死也，从歹，朱声。”

“殊”在汉代是一种非常残酷的刑罚，也就是砍头的死罪。这就是“殊”的本义。许慎认为“朱”字在“殊”字中只表音。有的学者认为“朱”也有表义的作用，“朱”为红色，因此“殊”字还描写了人死时鲜红的血液四溅的情形。

# “维民所止”和“雍正砍头”

查嗣（sì）庭是清朝康熙年间进士，后官至礼部侍郎。雍正四年（公元 1726 年），查嗣庭在江西做正主考。根据科举八股文命题的惯例，他选《诗经·商颂》上的句子出了一道“维民所止”的命题。不料却被人告发他借出题名义用“维”“止”二字影射“雍正无头”，讽刺时事，居心叵（pǒ）测。于是雍正下令将查嗣庭革职问

罪。结果，查嗣庭在狱中冤死，仍被戮（lù）尸枭（xiāo）首，整个家族受到株连。这就是清朝时期著名的文字狱案——查嗣庭试题案。

## 知识链接

“维民所止”，出自《诗经·商倾·玄鸟》。大意是说，国家的广阔土地，都是百姓所栖息、居住的，有爱民之意。

# 巧用避讳断案

清朝雍正年间，有个县官正在大堂办公事，外面进来两个人打官司。

这二人，一人姓王，一人姓邱（qiū）。姓王的说：“十年前，我买了姓邱的两间厢房，因姓邱的家里女孩多，暂借住我买的这两间厢房里。后来，姓邱的女孩长大后出嫁了，我要求收回这两间厢房，姓邱的却不承认自己卖出过两间厢房。”县官问：“有无证人？”姓王的

答："证人已死。"县官问："有无证据？"姓王的就拿出买房的证据。

证据中写明了邱家卖房的原因，后面又有邱某某、王某某和证人的签名，最后又写明时间为康熙五十五年（公元1716年）。县官知道康熙是雍正父亲的年号，又看了带有耳旁的"邱"字，就说这张证据是假的，房子应该是邱家的。

## 边读边想

"邱"姓在清代以前为"丘"，以"邱"为姓是从清代雍正皇帝开始的。雍正三年（公元1725年）十二月，雍正皇帝为笼络人心，颁（bān）诏"尊师重道"，认为用"丘"为姓犯了"圣讳"，所以将"丘"改为"邱"。

故事中的县官是根据那个有耳旁的"邱"字使用时间上的漏洞来断案的。

# 巧媳妇巧避讳

从前，有个老汉小名叫九，他的家人一般都要回避“九”以示尊敬。

这个老汉的儿媳妇非常聪明，说话不只是避开“九”字，连“九”的音也避开，以此表示对公公的尊敬。因此，老九经常对乡里人夸奖他的儿媳妇。

一天，同村有九个老头儿相商要和老九打赌，说如果他的儿媳果真不说“九”，他们便输一桌酒菜；若他的儿媳沾上了“九”字的音，老九就得输一桌酒菜。老九欣然答应。

第二天，九个老头儿趁老九不在家，每人左手提着一个小酒壶，右手拿着一把韭菜，来到老九家门前，要老九的儿媳转告老九，务必说清他们今天来的是几个人，每人都拿着什么东西。说完，九个老头儿假装走开，悄悄地藏在墙角处静静等着。

不一会儿，老九回家了，只听得儿媳朗声说道：“公公，刚才来了四公加五公，每人左手提把扁扁壶，右手拿把扁叶葱，要请公公到对面小楼上去喝几盅（zhōng）。”九个老头儿听了，只好认输。

## 知识链接

家讳，指日常言谈或行文用字时，要求回避父、祖及其他所有长辈的名字。避讳最为讲究的，若父母在世，就要避祖父母和父母的讳；父母已不在世，就只避父母的讳。例如，《红楼梦》中，林黛玉之母叫贾敏，所以林黛玉凡是遇到敏字都读成 mì，写的时候会少写一两笔。

# 讳名趣事

古时有个书生，他父亲名叫良臣，为了避讳，凡他读书时遇到“良臣”二字，都改读为“爸爸”。

有一次，他读《孟子》，书中有“今之所谓良臣，古之所谓民贼

也”一句，经他一读，就成了“今之所谓爸爸，古之所谓民贼也”，真是滑稽（jī）可笑。

## 知识链接

古代名字上避讳，有以下几种方法：①改字：用另外一个意义相近或声音相近的字，来代替要避讳的字。②缺笔：把要避讳的字少写一笔。③空字：把要避讳的字空一格。④替代：用“××”来代替，或用“某某”代替，或用“讳”字代替。

# 苟判官改姓

唐朝兼御史大夫韦伦，奉命出使吐蕃，以御史苟曾为判官。已经走了好几天了，有人对韦伦说："吐蕃讳狗，大夫带着一个苟判官，怎么可以与吐蕃求好？"韦伦立即把这事上奏皇上，皇上令改"苟"为"荀"。之后，苟曾就姓荀了，不归旧姓。

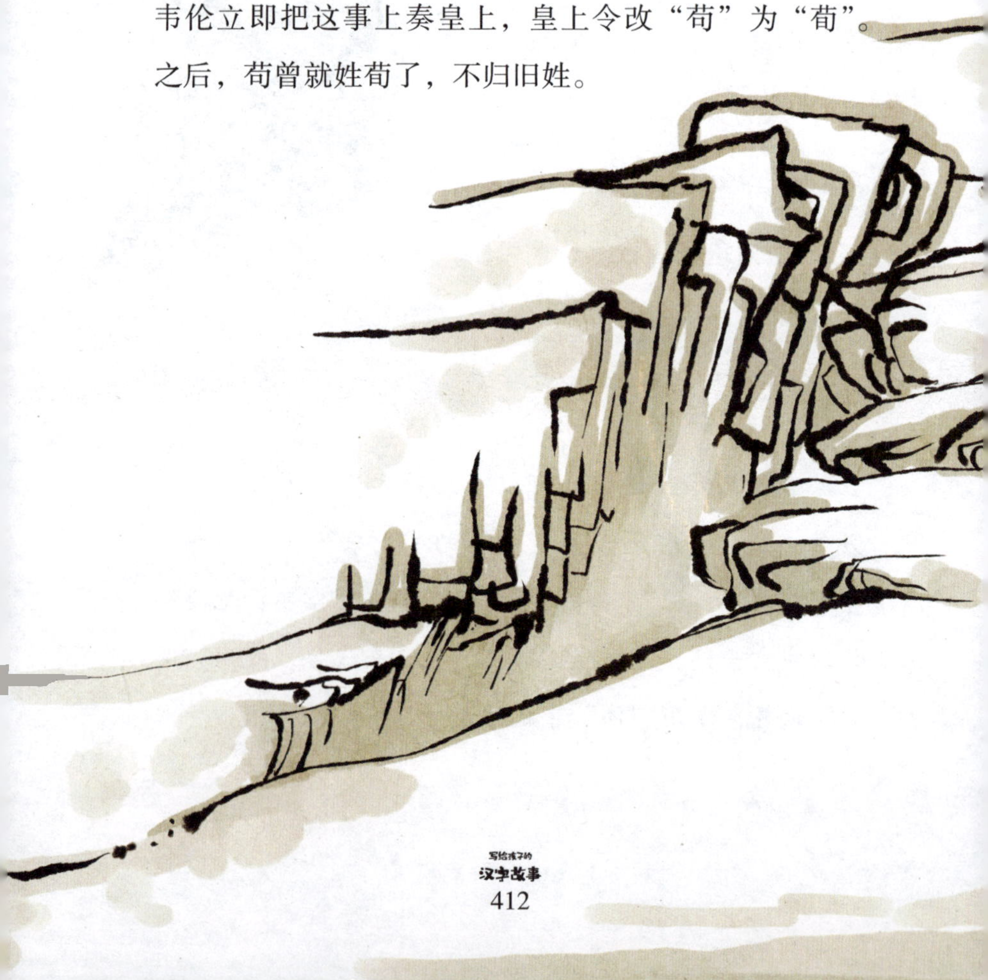

## 妙趣横生

有人运用巧妙的避讳术，既避开了那些忌讳的字眼，表现出了含蓄文雅又生动有趣的效果。例如：

明朝冯梦龙的友人华济之曾告诉他，他们那个郡的郡守忌讳得厉害。刚上任时，有个名叫丁长孺（rú）的前来谒（yè）贺。因为“丁”有“丁忧”之意（指父母丧事），郡守担心沾上晦气，再三拒绝接见他。门房的仆役只好把“丁”字改为“千”，再次通报，郡守才欣然接见。

# 非常不敢说

五代时期，有一个叫冯道的人，曾做过几个朝代的宰相。他曾经建议雕版印制，对古代文化的传播起了促进作用。

有一天，冯道令一个门客讲老子的《道德经》。《道德经》中的第一句就是：“道，可道，非常道。”“道”与冯道的“道”同形同音。“道”乃官讳，门客敬畏主人的威望，于是就念道：“不敢说，可不敢说，非常不敢说。”冯道听了，也不觉笑倒。

## 妙趣横生

《世说新语》中有这样一个故事：东晋权臣桓玄被任命为太子洗（xiǎn）马后，乘船赴任，船停泊在荻（dí）渚（zhǔ）。

当时有位同仁叫王大，刚刚服了一种药，名叫五石散，就去看望桓玄。桓玄为他备办了酒宴。王大因为服用了这种药而不能喝冷酒，于是不停地告诉侍从说：“叫他们温酒来！”

桓玄听了这话竟然呜咽（yè）起来，这使王大很不自在，就想离去。桓玄赶忙一边用手巾拭着眼泪，一边对王大说：“这只是触犯了我的家讳，关你什么事呢？”这件事以后，王大赞叹桓玄是一个旷达的人。按照晋代的习惯，触犯了已故尊长的名讳，必须依照礼节而哭。王大口口声声说“温酒”，正好触犯了桓温的名讳，而桓温为桓玄的父亲，所以桓玄听了就哭泣起来。

第九章

# 标点史话

## ——跳动的文字音符

# 乐官只有一只脚吗

相传，舜的时候有个乐官名叫夔（kuí），他制乐、作曲很有本领，舜请他当乐正，用乐教来使天下人归服。由于夔很有本领，所以古书上记载说，制乐这样的大事，“夔一足”，意思是有夔这样一个人就足够了。

可是“足”还有“脚”的意思，由于没有标点，有人做了另外一种理解，鲁衮（gǔn）公就曾经问

过孔子：“夔只有一只脚，是真的吗？”

孔子笑着答道：“夔是有名的乐官，能制乐平天下，古书里记载的‘夔一足’不过是说这种大事只要有夔一个人就足够了，是极力称赞的话，哪里是说夔就只有一只脚呢！”

按照孔子的解释，应当读成：“夔一，足。”这个逗号是按照现在的用法加的，当时并无

标点，全靠读者个人的理解来句读。一点之差，常使句意大变。

## 妙趣横生

·断句不当闹笑话·

一天，某领导宣读文件，把“已经取得文凭的和尚未取得文凭的干部”读成了“已经取得文凭的和尚、未取得文凭的干部”，台下顿时哄堂大笑。这位领导生气了，他又敲话筒，又拍桌子，喊道：“你们笑什么？年轻人不好好学习可不是好事，现在连和尚也得有文凭，何况干部呢！”

# 包公巧断案

从前，有一个财主的儿子叫薛补成，是远近有名的浪荡公子。一次，薛补成到邻村闲逛，看中了王老五的女儿阿秀。回来后就托亲找友，硬要人家给他提亲。几次不成，他便仗着父亲有钱有势，安排好下人和打手，准备定下个日子抢亲过门。但他做贼心虚，又怕遭乡邻唾骂，就暗自单方写了个婚约：薛补成娶

阿秀为妻不能毁约理自当然立

此为证。

薛补成在抢亲那天当众宣读："薛补成娶阿秀为妻，不能毁约，理自当然，立此为证。"以此来表明他是明媒正娶。面对如此荒唐的事情，王老五及女儿阿秀惊慌无助，只能哀求薛补成放过他们。

正在这危难之际，包公私访民情，路经这里。包公问明事情原委后，让薛补成把婚约递上，过目之后，声色俱厉地喝道："大胆奸民薛补成，你还敢强词夺理？这婚约上明明写着'薛补成娶阿秀为妻不能，毁约理自当然。立此为证'。白纸黑字，一字不差，你还敢抵赖吗？"

薛补成听后哑口无言，只得叩头求饶。

## 妙趣横生

### ·一个逗点·

英国作家王尔德有一次举行宴会，但众宾客在客厅里等了很久也不见主人来，他们都很着急。

后来，王尔德匆忙赶来了，急忙向大家施礼道歉。有位客人问他干什么去了，他说："在修改诗稿。"客人又问："这么大半天，一定做了不少工作吧？"王尔德满意地笑着说："我做了一件极其重要的工作，先删去了一个逗点，但后来反复思考，又把它加进去了。"

# 祝枝山写联骂财主

明代书画家祝枝山，与唐伯虎、文徵明、周文宾，被称为“江南四大才子”。

一年除夕，有个姓钱的财主请祝枝山题写对联。祝枝山早就听闻这个财主平日里搜刮乡里，欺压百姓，心甚怨恨，便决计趁此机会，奚落他一番。

钱财主想在大门和侧门各贴一副对联。祝枝山铺开纸，眉头皱了皱，写道：

明日逢春好不晦气；终年倒运无有余财。

此地安能居住；其人好不悲伤。

钱财主看后大怒，说祝枝山咒骂他，吵着要去县衙告状。

祝枝山辩解道：“读书人无权无势，岂能出口伤人？君子成人之美，所题全是吉祥之词。”钱财主嚷道：“有这样的吉祥词吗？”说完，念道：

“明日逢春／好不晦气；终年倒运／无有余财。

此地／安能居住；其人／好不悲伤。”

祝枝山听后，带着讥笑的口吻说：“先生错了，对联的断句应该是：

明日逢春好／不晦气；终年倒运无／有余财。

此地安／能居住；其人好／不悲伤。”

财主听后，目瞪口呆，无言以对。

## 妙趣横生

1949年4月1日，国民党军警、特务悍（hàn）然镇压南京大专院校反饥饿、反内战的游行学生，打死两人，打伤多人，举国震怒！追悼会上，有人送去了一幅标点挽联。

？？？？？？

！！！！！！

这是一副充满血泪的挽联。上联表达了对反动派的谴责、质问和愤慨；下联宣示了誓不妥协、继续战斗的决心。

# 巧断句保全性命

有一次，慈禧太后令一位书法家给她的扇子题词。那个书法家题写的是唐代著名诗人王之涣（huàn）的《凉州词》：

黄河远上白云间，一片孤城万仞（rèn）山。

羌笛何须怨杨柳，春风不度玉门关。

不料一时紧张，竟漏写了一个“间”字。慈禧一看，大怒，喝令将书法家推出去斩首。

书法家一听，心惊胆战。他急中生智，赶忙跪下解释道："老佛爷息怒，这不是王之涣的《凉州词》，而是臣新填的词啊！"说完，随吟诵道：

黄河远上，白云一片，孤城万仞山。

羌笛何须怨？杨柳春风，不度玉门关。

慈禧太后听后，只得赦（shè）他无罪。

## 妙趣横生

·诗歌变剧本·

唐代诗人杜牧的《清明》一诗广为人知，诗的全文是这样的：

清明时节雨纷纷，路上行人欲断魂。

借问酒家何处有，牧童遥指杏花村。

后来，有人将这首诗只改了标点，不增减一个字，编成了一个小剧本：

清明时节。雨纷纷。

路上。

行人：（欲断魂）借问酒家何处有？

牧童：（遥指）杏花村！

# 六个标点的魅力

他皱紧眉头，然后微微地张开口，加重语气地自语道：“我是青年。”他又愤愤地说：“我是青年！”然后他又怀疑似的说：“我是青年？”又领悟似的说：“我是青年。”最后用坚决的声音说：“我是青年，不错，我是青年！”这是巴金《家》中描写觉慧心理活动的一段话，其中六次重复“我是青年”，不断变换标点符号，表现了觉慧复杂激烈的思想斗争和心理变化。

第一个“我是青年”后用了句号。在鸣凤投湖自尽后，觉慧虽然心情难以平静，但他冷静下来后，很快意识到自己再也不能随波逐流，表示一切要重新开始，因而坚定、果断地表示：“我是青年。”这个句号象征着为从前的生活画上句号。

第二个“我是青年”后用了叹号，表现了觉慧要向命运挑战的坚定决心。

第三个“我是青年”后用了问号，意味着觉慧对自己的反省，表达了觉慧自愧、自卑、自责、自疚

（jiù）的情感。

第四个“我是青年”后用了句号，表示觉慧，充满了对未来的坚定信念。觉慧在反省中看到了封建大厦必将崩溃的大趋势，由怀疑自己进而认识到生存奋斗的价值。

第五个“我是青年”之后的逗号，是爆发前的沉默和短暂停歇，冷静的思考之后是更为有力的拼搏。

第六个“我是青年”之后的叹号，充分表现了觉慧要同封建势力决一死战的必胜信念。

## 妙趣横生

### ·水生嫂的心声·

孙犁的著名短篇小说《荷花淀》里有这样两句话：“你走，我不拦你。家怎么办？”

这是丈夫要去游击队参加抗日的前一个晚上，妻子说的话。

“你走，我不拦你。家里怎么办？”表明妻子的深明大义。

如果把前一句话的句号改成逗号，表达效果便明显不同了。

“你走，我不拦你，家里怎么办？”则将妻子刻画成只顾自家，拦阻丈夫参加抗日的落后妇女了。

# 两读皆可的对联

从前，有一个财主开办了一个酒厂。开张前夕，他请来一个秀才写对联，答应给秀才十两银子，但只先给二两，待写好对联后，再全部付清。

秀才见财主如此刁难、吝啬，便有意戏弄他一番。秀才眼珠子一转，挥笔写道：

酿酒缸缸好做醋坛坛酸；

养猪大如山老鼠只只亡。

横批：人多病少财富。

对联写好后，秀才读给财主听：

酿酒缸缸好 / 做醋坛坛酸；

养猪大如山 / 老鼠只只亡。

横批：人多 / 病少 / 财富。

财主一听，十分欣慰，赶忙令人贴到门口，至于银子，则支支吾吾，托词搪（táng）塞过去。

第二天，酒厂开张，亲朋满座，顾客盈门，财主一家忙得不可开交。门口的对联特别引人注目，你也念，他也读，笑声不断，议论不休。

财主觉得奇怪，赶忙出门一看，气得脸色苍白，火冒三丈。原来对联贴出后，有人添加了句读成为：

酿酒缸缸好做醋，坛坛酸；

养猪大如山老鼠，只只亡。

横批变为：人多病，少财富。

## 妙趣横生

·留与不留·

从前，有个人好吃懒做，经常到亲戚家蹭（cèng）吃蹭喝。

有一次，适逢春雨绵绵，他所寄食的那户人家十分厌烦。这时，主人看到那人上厕所去了，就在墙上题了一行字，委婉地下了逐客令。那行字是这样的：

“下雨天留客天留人不留。”

那人回来后看到了那行字，心里明白，但是他不仅没走，还提起笔来给这行字做了圈点：

“下雨天，留客天。留人不？留。”

# 糊涂县官审案

相传有个叫栾（luán）达仁的糊涂县官，他坐堂审案时，常常是先打五十大板，然后才开腔。于是人们送给他一个绰号：乱打人。

一次，有个叫郑光明的手艺人，因房产纠纷前往衙门打官司。栾达仁接过状子一看，只见开头写着：

草民郑光明年四十有五妻黄氏……

栾达仁顿时勃然大怒，斥责道："好一个刁民郑光，你听着，你今年三十九岁，偏要说明年四十，这分明是戏弄本官……你一个低贱的手艺人，竟然娶了五个妻子，而且同出一姓．必是霸占一族良家女子……来人呀，给我狠狠地打！"

郑光明被打得皮开肉绽，苦苦哀求道："县太爷饶命！我叫郑光明，今年四十五岁，只有一个妻子，姓黄……"

站在县官身旁的师爷猛地醒悟过来，悄悄对栾达仁说道："老爷，不该打，你把状子念错了，应当是

‘草民郑光明，年四十有五，妻黄氏……’。他只有一个妻子，不是五个妻子。”

## 妙趣横生

·迎春条幅·

从前，有一户人家过年时请人写了一个条幅，原意是：“今年好，倒霉少，不得打官司。”但写字的人把字句都连着写了，忽略了断句，语句之间既没有标点，

也没有间隔。

大年初一，拜年的人一见条幅，忙问道：“你家遇到什么倒霉事啦？”主人怏（yàng）怏不乐地说：“干吗一进门就说不吉利的话！”来人指着门上的条幅说：“你这儿不是写着嘛，‘今年好倒霉，少不得打官司’。”

# 遗产风波

从前，有个姓张的富翁，年过五旬才得一子，取名“一非”，常省称“张一”，爱如掌上明珠。

过了几年，富翁年老病危，临终之际，将一非母子托付给外甥，并立下遗嘱：“张一非吾子也家财尽与外甥外人不得争夺。”

外甥看后，十分高兴，念成：“张一非吾子也，家财尽与外甥，外人不得争夺。”

富翁去世后，外甥霸占了家产，一非母子则被赶到后院草房居住，一非的母亲充作佣人，没过几年，就忧郁而死。孤苦伶仃的一非，处处遭人白眼。好不容易熬到成年，一非觉得完全有理由得到自己的一份财产，于是去县衙告状。

县令看到遗嘱后，明白了富翁的心思，便当众宣读道：“张一非，吾子也，家财尽与，外甥外人，不得争夺。”

外甥无言以对，只得依照遗嘱行事。

## 妙趣横生

·一言联中的标点·

张贴悬挂的对联一般是没有标点符号的，但一言联是例外。一言联即上、下联分别只有一个字的对联。一言联如果没有标点符号，就会引起歧义，使人费解。

香港实业家马英文先生题为《迎香港回归》的对联为：

盼……

归！

前为省略号，表现了国人望眼欲穿地盼望香港回归的深情；后为叹号，表现出1997年7月1日香港回归时，举国狂欢、普天同庆的盛况。

# 鲁迅巧难出版商

20世纪30年代，有位刻薄的出版商曾向鲁迅先生约稿，但又想少付稿费，于是事先讲明，标点符号不计算字数，因它不是文字，希望得到谅解。没想到鲁迅先生答应得非常爽快，出版商无比高兴。

几个月后，鲁迅先生如约送上稿件，出版商打开

文稿一看，只见密密麻麻的蝇头小楷布满了一个个方格，但因为没有标点，无法断句，怎么也弄不清内在的深义，简直是一本“天书”。

出版商无奈，只得亲自登门向鲁迅道歉，请求加上标点符号。

鲁迅先生严肃地说：“你不是说标点符号不是字吗？但没有标点的文字能叫文章吗？现在你该明白了，标点就是无声的文字！”随后，他从出版商手中接过那叠文稿，认真添加了标点，使文字、标点达到和谐的统一。

## 妙趣横生

·请光寄标点来·

德国19世纪有位作家台奥·多尔·冯达诺在柏林一家报馆任编辑时，收到一位青年作者寄给他的诗稿。这位作者还在信中说：“我对标点不大在乎，请您给填上吧！”

这种对创作极不负责的态度，令冯达诺甚为愤然。他在给作者退稿时，在信中写了如下的话，以示警告：“下次来稿，请光寄标点来吧，诗由我来填好了。”

# 如此字据

有个财主，十分吝啬。他聘请了一位先生，来家教育儿子。先生知道财主为人刻薄，几经思虑，便写出一份字据：“无米面亦可无鸡鸭亦可无鱼肉亦可无银钱亦可。”

财主看后满心欢喜，认为占了大便宜，便与先生在字据上按了手印，各执一份。

年终之际，先生找财主算账，要求补足平时的饭菜费，财主怎么也不肯给。彼此争执不下，便带上字据，同往县衙评理。

县官问明情由，让他们各将字据念一遍。

财主抢先念道：“无米面亦可，无鸡鸭亦可，无鱼肉亦可，无银钱亦可。”

先生念道：“无米，面亦可；无鸡，鸭亦可；无肉，鱼亦可；无银，钱亦可。”

县官面向财主道：“哪有一年辛苦教到头，一无所得的道理？”于是责令财主即刻付清先生学费及平日所

欠饭菜钱，财主只得服从判决。

## 妙趣横生

李明放学回家，家里没人，桌子上有张纸条，上写："弟弟找不到爸爸妈妈很着急。"没有标点。李明琢磨半天，有以下几个可能：

①弟弟找不到，爸爸妈妈很着急。——弟弟丢了，着急的是爸爸妈妈。

②弟弟找不到爸爸，妈妈很着急。——爸爸不见了，着急的是妈妈。

③弟弟找不到爸爸妈妈，很着急。——弟弟走失了，弟弟着急。

李明看了纸条，一时不知道怎么回事，也很着急。

# 阿凡提巧断句

从前，有个自作聪明的刻薄财主，雇阿凡提为长工，常拿他寻开心，却从未占到便宜。

一天，财主与老婆下棋，故意把阿凡提叫到跟前，说道：“阿凡提，你猜我们这盘棋谁输谁赢？猜得对，赏你一个元宝；猜错了，责打二十皮鞭。”

阿凡提爽快地答应了。他找来一张纸，当场铺开，在上面写下“你赢她输”四个大字。

财主看过这四个字，故意把棋输给了老婆，然后得意地说：“怎么样，结果是我输她赢！”“且慢，老爷，我猜对了！”阿凡提指着纸上的四个字，高声念道：“你赢她？输！”财主一时语塞，便要赖说：“这盘不算数，再猜一次！”

第二盘，财主向老婆使眼色，赢了对方。阿凡提将四字重新念道：“你赢！她输！”财主一听，又无话

可说。

第三盘，狡猾的财主夫妻故意下了一盘和棋，想以此难住阿凡提。只见阿凡提仍对着那四个字念道：“你赢？她输？”

财主无奈，最后只好乖乖地把一个元宝给了阿凡提。

## 妙趣横生

·第四种标点法·

《论语·泰伯》中有一句话：子曰民可使由之不可使知之。

一般认为该句有三种标点法：

①子曰：“民可使由之，不可使知之。”

②子曰：“民可使，由之；不可使，知之。”

③子曰：“民可，使由之；不可，使知之。”

辽宁大学已故教授阎（yán）简弼（bì）却提出第四种标点法：“子曰：‘民可使由之？不可！使知之。’”

# 写给孩子的汉字故事

4

张卉妍／著

江西美术出版社
全国百佳出版单位

**图书在版编目（CIP）数据**

写给孩子的汉字故事 / 张卉妍著 . -- 南昌 : 江西美术出版社 , 2022.10

ISBN 978-7-5480-8714-4

Ⅰ. ①写… Ⅱ. ①张… Ⅲ. ①汉字—儿童读物 Ⅳ. ①H12-49

中国版本图书馆 CIP 数据核字 (2022) 第 125867 号

出 品 人：刘　芳

企　　划：北京江美长风文化传播有限公司

责任编辑：楚天顺　朱鲁巍　　策划编辑：朱鲁巍

责任印制：谭　勋　　封面设计：韩　立　　插图绘制：王　坡

**写给孩子的汉字故事 4**

XIE GEI HAIZI DE HANZI GUSHI 4

张卉妍 著

出　　版：江西美术出版社

地　　址：江西省南昌市子安路 66 号

网　　址：www.jxfinearts.com

电子信箱：jxms163@163.com

电　　话：010-82093785　　0791-86566274

发　　行：010-58815874

邮　　编：330025

经　　销：全国新华书店

印　　刷：河北松源印刷有限公司

版　　次：2022 年 10 月第 1 版

印　　次：2022 年 10 月第 1 次印刷

开　　本：880mm × 1230mm　1/32

总 印 张：20

ISBN 978-7-5480-8714-4

定　　价：148.00 元（全 4 册）

# 目录

## 第十章

## 成语故事

### ——历史的缩影、汉字的精华

..........

第十一章

# 俗语故事

## ——思想的光芒、汉字的智慧

..........

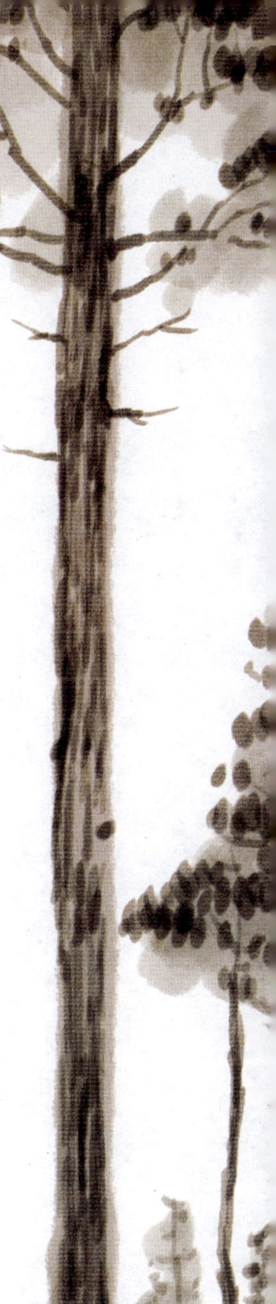

第十二章

# 汉字应用趣话

## ——方块之间乾坤大

第十章

# 成语故事

## ——历史的缩影、汉字的精华

# 安步当车

战国时期，一次，齐宣王召见贤士颜斶（chù），说道：“你过来。”颜斶答道：“请大王你过来吧。”齐宣王很不高兴，其他官员也惊奇不满道：“大王是一国之君，你只不过是个臣子，怎可放肆？”颜斶说：“话不能这样说，如果我按照大王的吩咐上前去，表明我仰慕权势、阿谀（yú）奉承；若大王走到我的面前，则会显示他尊重贤士。你们说，是我仰慕权势好呢，还是大王尊重贤士好呢？”

齐宣王听了，忍不住咆哮起来：“是国王高贵呢，还是贤士高贵？”颜斶回答：“当然贤士

高贵，这有历史证明。从前秦国攻打齐国时，下过一道命令说：‘谁在贤士墓地砍伐树木，就处以死刑。’又说：‘能够拿下齐王首级的，封高官，赏千金。’由此看来，国王的头还不如贤士墓地的一棵树。”

齐宣王听了，一句话也说不出来了，竟然拜颜斶为师。颜斶婉拒后说：“晚食以当肉，安步以当车，无罪以当贵。”说完就走了。

## 说文解字

“安步当车”指慢慢走路、缓步而行，也可以比喻不贪图富贵，安于清贫。

# 庖丁解牛

战国时期，有位庖（páo）丁善于宰牛。

有一次，庖丁特地为梁惠王表演宰割的技巧。只见他手里拿着一把明晃晃的刀子，不假思索就动起手来。他用手触着牛，用肩靠着牛，用脚踩着牛，用膝盖抵住牛，牛皮和牛骨分离的声音随刀而响。他的种种动作，合乎舞蹈的节拍旋律；他用刀时发出的种种声音，也像乐曲那样很有节奏。一会儿工夫，庖丁就把牛肢解完了。

梁惠王赞叹地问：“你的技术是怎样达到如此高明的程度的？”庖丁回答：“因为我崇尚的是一种高深的修养，

我的技术已经超过普通人了。在我开始宰牛的时候，所看到的是整头牛，不知道从哪里下刀。过了三年，我看不见整头牛了，因为这时我对于牛的全身何处有空隙，哪里有筋骨，都已经完全清楚了，所以看到的不是整头牛，而是可以解开的许许多多的部分。宰牛时，我不必用眼睛看，就能知道什么地方可以下刀，怎样顺着筋骨间和骨节间的空隙处从容下刀。”

梁惠王听得津津有味，又问：“像你这样的厨工，多长时间换一把刀呢？”庖丁拿起自己用的这把刀，回答说：“这把刀我已经用了十九年了，所解的牛有数千头，但它的刀刃仍然非常锋利，就像刚从磨刀石上磨好的一样。这是因为我在牛的骨节间隙中游刃自如，所以刀用了十九年仍像刚磨好的一样。”

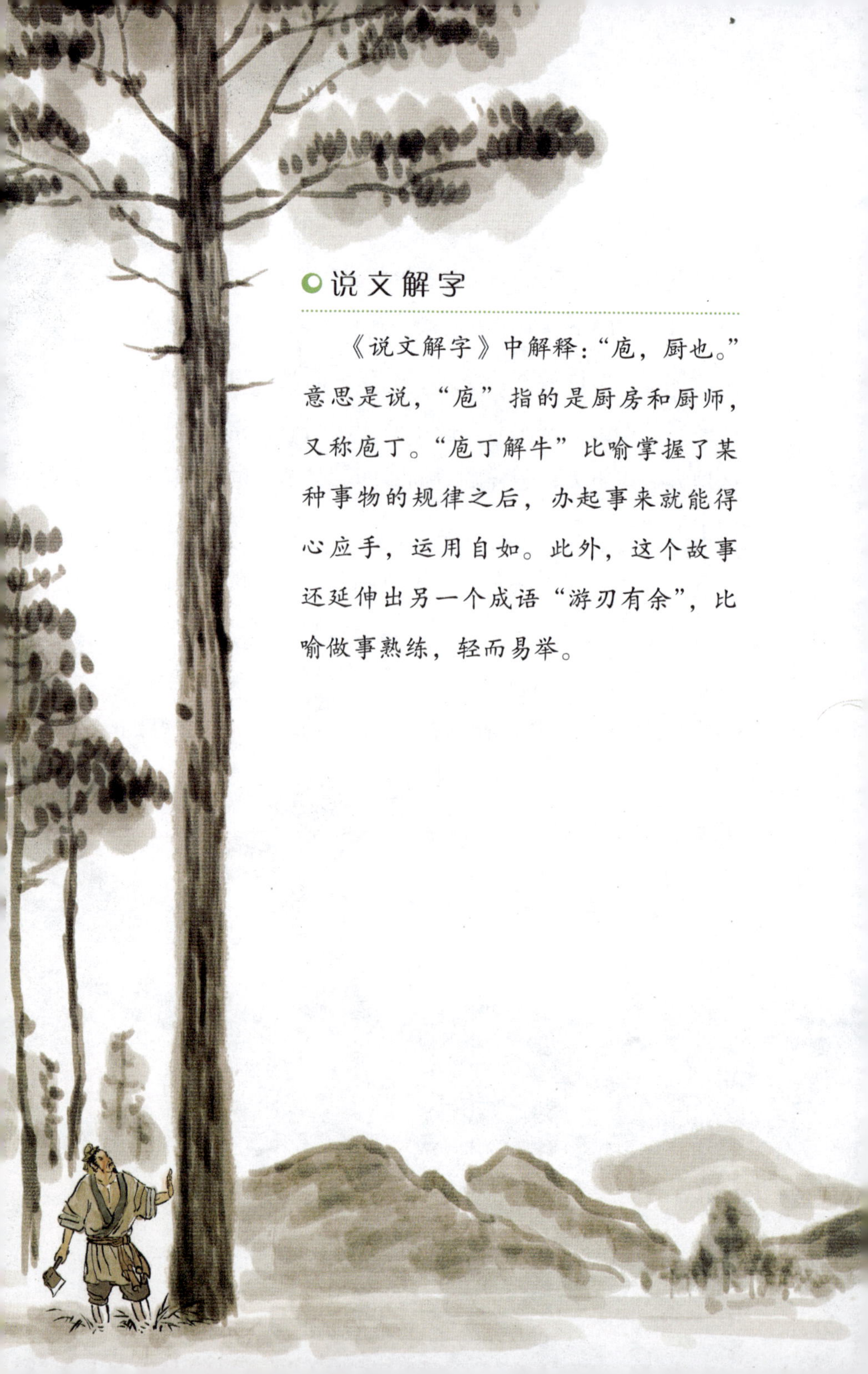

## 说文解字

《说文解字》中解释："庖，厨也。"意思是说，"庖"指的是厨房和厨师，又称庖丁。"庖丁解牛"比喻掌握了某种事物的规律之后，办起事来就能得心应手，运用自如。此外，这个故事还延伸出另一个成语"游刃有余"，比喻做事熟练，轻而易举。

# 鬼斧神工

春秋时，鲁国有个技艺非常高超的木匠，人称梓（zǐ）庆。他能制作各种精巧的木器，尤其擅长砍削木头制造一种乐器，那时人们称这种乐器为鐻（jù）。

有一次，梓庆用木头削雕成了一个鐻。它外形美观，花纹精细，见到它的人都惊叹不已，不相信这是人

工做出来的，而好像出于鬼神之手。

鲁国的国君见了这个鐻后，也连声喊绝，特地召见梓庆，问道：“你是用什么法术制成鐻的？真乃鬼斧神工之作啊！”

梓庆笑笑说：“我是一个凡人，哪里

有什么法术？”

国君听了他这样说，有点不大相信，又问道：“那你是怎样制作它的？”

梓庆说：“我从大王这里接受了使命便开始做准备。这时，我虔（qián）诚斋戒，让身心纯净。斋戒到第三天，不敢想庆功、封官、俸禄；第五天，不把别人对自己的非议、褒（bāo）贬（biǎn）放在心上；第七天，我已经进入了忘我的境界。此时，心中早已不存在进见君主的奢望，给朝廷制鐻，既不奢求赏赐，也不惧怕惩罚，我只想着如何雕刻。于是，我进入山林，细心观察树木的天然生态，精心选取适合制鐻的材料，直到一个完整的鐻已经成竹在胸，这个时候我才开始动手加工制作，最终一气呵成。我顺从自然，让自己的精神和树木的自然形态结合，这可能就是我做的器具可以比拟鬼斧神工的原因吧！”

## 说文解字

“鬼斧神工”的意思是精妙的手艺就像是鬼神用斧头做的一样，形容技艺高超、神妙。斧：斧头。神工：神妙的工艺。

# 乘人之危

盖勋（xūn）是东汉末期著名的清官，出身于世代仕宦（huàn）家庭，以孝廉的身份步入仕途，初任汉阳郡（今甘肃省甘谷县）长史。盖勋所在的郡属凉州刺史梁鹄（hú）管辖，而且两人又是朋友。

当时，受凉州刺史管辖的武威太守横行霸道，干尽坏事，老百姓对他恨之入骨。梁鹄的属官苏正和不畏强权，依法查办了武威太守。梁鹄生怕这件事连累自己，因而焦虑不安。

盖勋的部下听说了苏正和查办了武威太守的事，想劝盖勋借此机会怂恿梁鹄杀了苏正和，来个公报私仇，因为盖勋与苏正和是死对头。盖勋断然拒绝："为个人的私事杀害良臣，是不忠的表现；趁别人危难的时候去害人家，是不仁的行为。"

第二天，梁鹄来找盖勋，商量武威太守的事自己该怎么办。梁鹄说："武威太守贪污的事如果查出来，我作为刺史，当引咎（jiù）辞职。所以我打算请你想个办法，除掉苏正和。"

盖勋对梁鹄说："喂养雄鹰，要使它凶猛，这样才能为您效劳。如今它已经很凶猛了，您却想把它杀掉。大人身为朝中重臣，辞职事小，如果事情有关大人的清名，那可就麻烦了。"梁鹄听从了盖勋的建议，打消了杀掉苏正和的念头。

事后，苏正和亲自到盖勋的府上道谢。盖勋却不见他，让人传话说："吾为梁使君谋，不为苏正和也。"

## 说文解字

"乘人之危"的意思是，趁着别人有危难时去侵害或要挟（xié），形容在人危难之时加以伤害。

# 大义灭亲

春秋时期，卫庄公在位时，十分溺爱小儿子州吁（yù），使得他骄横无理。

大夫石碏（què）奉劝庄公说："我听说疼爱孩子应当正确地教导他，不让他走上邪路。骄横、奢（shē）侈（chǐ）、淫乱、放纵是导致邪恶的原因。这四种恶习就是因为孩子太过被长辈溺爱而产生的。"但庄公并没把石碏的话放在心上，后来还任命州吁为将军。石碏的儿子石厚与州吁关系甚好，两人狼狈为奸，搅得卫都鸡犬不宁。

卫庄公死后，卫桓公继位。公元前719年，石厚跟随州吁刺杀了桓公，篡（cuàn）夺了王位。州吁自立为国君，封石厚为上大夫。两人非常得意，但卫国人对这个国君并不认可。

州吁见无法安定民心，于是通过石厚向石碏请教安定君位的方法。

石碏说："如能朝见周天子，州吁的君位就能稳定了。”石厚问：“怎样才能朝见周天子呢？”石碏答道：“陈桓公现在正受周天子的宠信，陈国和卫国的关系又和睦，如果去朝见陈桓公，求他向周天子请命，就一定能办到。”

于是石厚就跟随州吁去了陈国。石碏先一步派人告诉陈国说：“卫国地方狭小，我年纪老迈，没有什么作为了。去贵国的两个人正是杀害我们国君的凶手，敢请贵国趁机设法处置他们。”陈国人等州吁和石厚一到陈国，便将他们抓住了，并到卫国请人来处置。卫国派遣右宰丑前去，在濮（pú）地杀了州吁。石碏又派自己的家臣獳（nuò）羊肩前去陈国杀石厚。

石厚说：“我是罪该万死，请将我用囚车载回卫国，见父亲一面，然后再处死我。”獳羊肩说：“我奉你父亲的命令，来诛逆子。你想见父亲，就让我把你的头带回去见吧。”于是将石厚杀掉了。

## 说文解字

《释名·释言语》:“义，宜也。裁制事物使合宜也。”“义”的本义为“道义”。“大义灭亲”的意思是，为了维护正义，对犯罪的亲属不徇私情，绳之以法。形容正直无私，为了维护国家和人民的利益，对犯罪亲人不徇私情，使其受到应有的惩罚。

# 得意忘形

魏晋时期的阮籍为“竹林七贤”之一。阮籍很有抱负，希望自己能有所作为，但他对执政的司马氏非常不满，又不敢明确表示自己的主张，只得采取明哲保身的态度，或者闭门读书，或者纵情于山水，或者酣（hān）醉不醒，或者缄（jiān）口不言。因此，史书中描写他时说是“当其得意，忽忘形骸（hái）”。

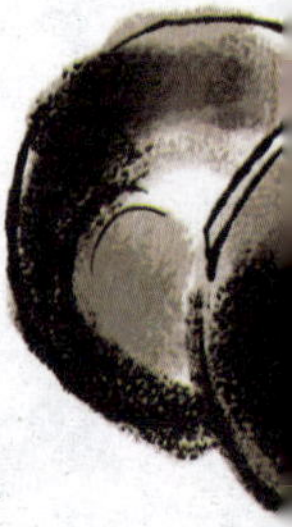

司马昭发现阮籍是个非常有才能的人物，便有意与他结为姻亲。阮籍心底讨厌司马昭的儿子司马炎，但又不能公开回绝。于是他想了个办法，索性喝个酩（mǐng）酊（dǐng）大醉，一连几个月都处于酣醉不醒的状态。司马昭见阮籍天天不醒酒，事情一直无法商量，只好取消了原来的打算。

司马氏几次想让阮籍出来做官，都被阮籍想方设法地婉言谢绝了。后来，阮籍觉得这样下去自己总难扛

到最后，特别是听说步兵校尉衙门的仓库里收藏有好酒后，就主动到司马昭那儿要求当这个步兵校尉。

司马昭得知阮籍主动来要求做官，心中十分高兴，马上同意了他的要求。阮籍到任后，对仓库中的好酒，只管放开量去喝，至于公事则一概不理。

有人看到阮籍这官当得太自在，于是就去司马昭那儿告阮籍的状："阮籍这个人现在做了步兵校尉，每天只在衙门内喝酒，这样下去公务不就要荒废了吗？"

司马昭明白，只要能让阮籍出来做官，就能缓和一批人与他的敌对关系，所以司马昭总是笑着对那些人说："由他去吧，只要他高兴，你们就不必挑剔了。我了解他，你们不能用世俗的眼光去衡量他的言行。"

其实，阮籍虽然表面上十分狂放，但内心里却万分小心谨慎。阮籍非常明白，在司马氏的统治下，人们都各怀心事，有时一句话说得不对，就可能招来杀身之祸。

## 说文解字

"得意忘形"的意思是指高兴得忘记了自身形体的存在，形容人因为高兴而控制不住自己，失去常态。形：形体，样子。

# 狗尾续貂

晋惠帝司马衷当朝时，对朝政一窍不通，大权落到了生性凶狠狡诈的皇后贾南风手里。

晋惠帝的叔叔赵王司马伦一心想当皇帝，于是就玩弄阴谋诡计，最后除掉了贾皇后，终于掌握了大权。后来，他借掌管宫中禁军之机，发动政变，赶走了晋惠帝司马衷，自己当上了皇帝。

司马伦上台以后，深恐众人不服，为了笼络人心，就滥封官爵，他的亲戚、朋友，甚至许多仆人都跟着他飞黄腾达，也都被封了官。

当时，近侍官员皆以貂尾为冠饰。司马伦滥封官爵，一时没有那么多貂尾，只好用颜色、形状与貂尾相

似的狗尾代替。由于司马伦封的官员太多了，老百姓议论纷纷，对那些当上官员的不三不四的人非常痛恨，就编谚语骂他们道：“貂不足，狗尾续！”这样一种不伦不类的政权自然不可能长久，不多久，司马伦的统治就结束了。

## 说文解字

狗尾续貂，比喻用不好的东西续在好东西后面，现在多用来形容妄续他人文学作品或做自谦之辞。续：接续，加接。

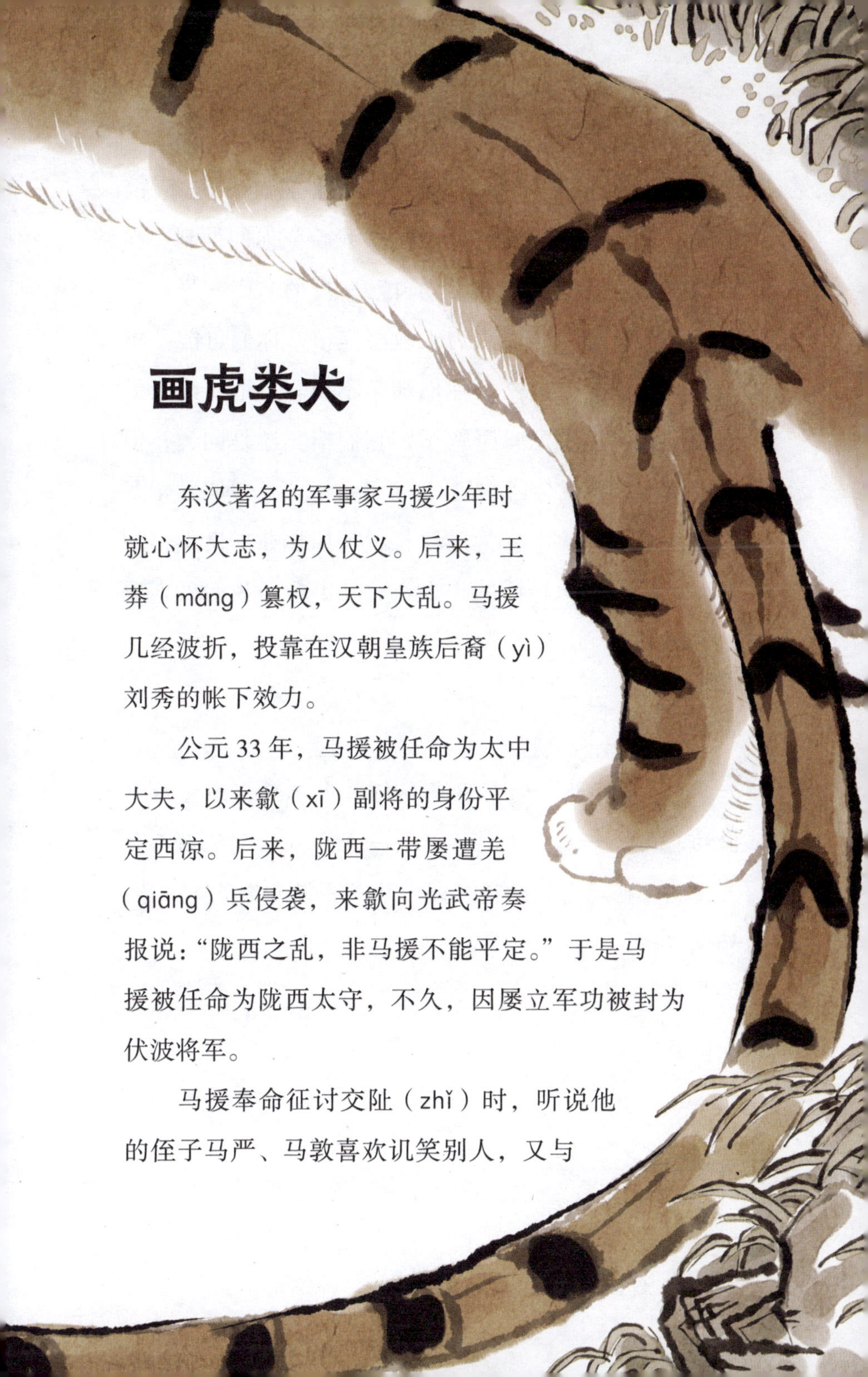

# 画虎类犬

东汉著名的军事家马援少年时就心怀大志，为人仗义。后来，王莽（mǎng）篡权，天下大乱。马援几经波折，投靠在汉朝皇族后裔（yì）刘秀的帐下效力。

公元 33 年，马援被任命为太中大夫，以来歙（xī）副将的身份平定西凉。后来，陇西一带屡遭羌（qiāng）兵侵袭，来歙向光武帝奏报说：“陇西之乱，非马援不能平定。”于是马援被任命为陇西太守，不久，因屡立军功被封为伏波将军。

马援奉命征讨交阯（zhǐ）时，听说他的侄子马严、马敦喜欢讥笑别人，又与一些豪侠过从甚密。马援很担心，怕他们涉世不深，引起事端，便立即写信警告说：“我希望你们做到：在听别人的过失时，应像听到自己父母的名字一样，只能听，不能说。龙伯高为人敦厚谨慎，你们可能学不会；杜季良豪侠仗义，你们却学不得。所谓‘刻天鹅刻得不像，至少像只野鸭子，它们毕竟还是同类；但画虎画不像，就会像狗’。这不就成了笑话了吗？学龙伯高学不到家，不失为谨厚长者；如学杜季良学不到真谛，就会成为轻浮的小人。我绝不希望我的后人成为这种人！”

## 说文解字

“画虎类犬”的意思是，想画成老虎，画完后却像狗。比喻好高骛（wù）远，一无所成，反被别人作为笑柄。也比喻模仿得不好，反而弄得不伦不类。类：好像。

# 狡兔三窟

孟尝君，即田文，战国时齐国的贵族。孟尝君在齐国担任相国时，门下有数千名食客。他曾联合韩国和魏国，大败了秦、燕、楚三国，因此声名大振。

孟尝君门下有个名叫冯谖（xuān）的食客。一次，孟尝君询问门客中谁能替他到薛地去收债，冯谖自告奋勇地承担了这个任务。他问孟尝君收完债，要不要买点什么回来。孟尝君说，你看我家里缺什么，就买点什么好了。

冯谖到薛地后，当众把百姓欠债的借据全都烧毁，还说这是孟尝君命令把债款赏赐给大家的。于是，借债的百姓对孟尝君感激涕零。

冯谖回来后对孟尝君说，他见相国家里什么都不缺，就缺一个“义”字，因此就以相国的名义将债契全烧了，为相国赢得了义。

孟尝君听了非常不高兴，但也没办法当面责备冯谖。一年后，孟尝君被齐王免除了相国的职务，只好回到薛地去。离薛地还有一百多里路，百姓就扶老携

(xié)幼地前来迎接。孟尝君这才看到了冯谖的用心，由此非常感谢冯谖。但冯谖对他说：“聪明的兔子有三处洞穴，才使它免于被猎人猎杀，被猛兽咬死。如今您只有一个洞穴，让我帮您再凿两个洞穴吧。”

于是，孟尝君给了冯谖五十辆车子、五百两黄金，让他去游说西边的魏国。冯谖见到魏王后就开始称赞孟尝君是多么有才干，多么受人爱戴，他的一席话深深地打动了魏惠王。魏惠王马上派使臣携带许多财物和马车去齐国，聘请孟尝君来魏国当相国。

冯谖赶在魏国使臣之前回到薛地，告诫孟尝君一定不要接受聘请。魏国使者一共来了三次，孟尝君始终都没答应接受聘请。这样一来，孟尝君顿时身价倍增。

齐国听到这个消息，君臣都十分担心孟尝君会为别的国家效力，于是齐王立即恢复了孟尝君相国的职位，并亲自向他谢罪。这样，冯谖为孟尝君凿成了第二个洞穴。之后，冯谖又建议孟尝君向齐王请求赐给自己先王的祭器，在薛地建造宗庙供奉。这样一来，齐王就会派兵来保护薛地，而薛地在齐国的地位就非同寻

常了。宗庙在薛地建成后，冯谖对孟尝君说：“三个洞穴已经凿好，今后您可以高枕无忧了。”

## 说文解字

“狡兔三窟”的意思是，狡猾的兔子有多个藏身的洞穴。常用来比喻隐蔽的地方或方法很多。现在一般用来表示做事留有余地，具有多种应变能力。狡：狡猾，狡诈。三：非具体数字，“多”的意思。窟：藏身的洞穴。

# 乐极生悲

春秋时期，齐国国君齐威王继位后，在大臣淳于髡（kūn）的帮助下，全心治理国家，使齐国成了强国。齐威王八年时，楚国兴兵攻打齐国，齐王派淳于髡出使赵国，请求援救。在淳于髡送去大批贵重礼物和诚心恳求的信后，赵王同意派十万大军支援，楚军见状吓得不战自退。

齐威王高兴异常，摆设庆功酒宴，犒（kào）赏淳于髡。齐王问道：“你喝多少酒才会醉？”意欲一醉方

休。淳于髡答道：“我少喝能醉，多喝也可醉。”威王不解地问：“你所言何意？”淳于髡以其机智善辩的口才回答：“场合不同，情势不同，都可使酒量有变。喝酒喝到极点，必会喝出乱子；欢乐到极点，也必会生出悲伤之事。”

齐威王明白，淳于髡是在提醒自己，不可贪酒误事、欢乐无度，立刻打消了要一醉方休的念头。

## 说文解字

“乐极生悲”的意思是，凡事超过一定限度，就会走向反面。

# 溜须拍马

宋真宗时，有位大臣叫丁渭，善于察言观色，颇得宋真宗的赏识，被封为副宰相。当时的宰相是寇准，高丁渭一个官阶，丁渭便将献媚之功对寇准施展。

有一次，二人在一起吃饭时，

寇准的胡须黏了一些饭粒，丁渭赶忙卑恭地凑上前去，伸出手轻轻地为寇准理顺胡须，还大赞寇准的胡须如何漂亮。

寇准大笑着说：“怎么？难道世间还有替人溜须的宰相吗？”自此，丁渭成了中国历史上有名的溜须宰相。“溜须”一词有了谄（chǎn）媚的新意。

相传，北方游牧民族非常喜欢马。他们见面时有一种礼节，下马闲谈，互相拍拍对方的马

屁股，说一句“马养得真壮实啊”，后来“拍马”演变成说奉承恭维话，与“溜须”异曲同工。

之后，“溜须拍马”成为一个成语。

## 说文解字

“溜须拍马”指对有权势之人极尽吹捧谄媚、阿（ē）谀（yú）奉承之能事。

# 目不识丁

在前秦苻（fú）坚执政时期，有一位官员叫姜平子。

一次，苻坚让群臣赋诗。姜平子作的诗中有一个“丁”字，但他为达封官拜爵的目的，极尽阿谀奉承之能事，特意将“丁”写

作“丁”，下边没有钩。

苻坚问姜平子为什么这样写，他说：“为人正直而不屈，才算得高尚可贵，如果屈服于别人，就是一个怕死鬼，这样的人不是君子。”苻坚听了，很是高兴，于是提拔姜平子为“上第”。

人们看到姜平子投苻坚之所好，竟因一字而登天，都笑话愚蠢粗鲁的苻坚不知道“丁”和“丅”的区别，说他“目不识丁”。

## 说文解字

在“目不识丁”这个成语的运用中，有人由于不知其来历，把“丁”看作简单汉字的代名词，“目不识丁”便成了连最简单的字也不认识的意思，后来形容人没文化，不识字。

在古文字中，“丁”是一个古老的象形字，其本义是指木楔或铁钉，即钉子。钉子是一种很小的物体，故“丁”字可引申为微小之意。又因钉子常为金属所作，坚硬无比，因而“丁”字还有壮实、壮大、强壮的意思，如壮丁。此外，还可引申为家庭中的人口等意思。

# 奇货可居

战国时，有个叫吕不韦的大商人。一次偶然的机会，吕不韦在路上发现一个很有风度的年轻人。有人告诉吕不韦说："这个年轻人是秦昭王的孙子，太子安国君的儿子，名叫异人，正在赵国当人质。"当时，秦赵两国经常交战，赵国无暇（xiá）照顾异人，异人穷困潦（liáo）倒。吕不韦了解到这些情况，马上意识到如果在异人身上投资，说不定有一天会换来不可估量的利润。他不禁自言自语道："此奇货可居也。"

后来，吕不韦先拿出一大笔钱，买通监视异人的赵国官员，让他与异人有了一面之交。见面时，他对异人说："我想办法让秦国将你赎回去，然后立你为太子。那么，你就是未来秦国的国君。你看这样好吗？"异人听了吕不韦的话又惊又喜，承诺事成之后要好好报答吕不韦。

两人将此事议定，吕不韦立即动身去秦国。他带着无数财宝用以贿赂秦国太子安国君的左右亲信，通过他们说服安国君，让他把异人赎回秦国。当时安国君最宠爱的华阳夫人没有孩子，吕不韦从华阳夫人的姐姐入手，最终说服了华阳夫人收异人做了嗣子。

秦昭王死后，安国君继位，史称孝文王。在华阳夫人的帮助下，异人被立为太子。孝文王继位没多长时

间就因病去世，太子异人便继位为王，即庄襄王。

庄襄王继位后，念念不忘吕不韦对他的帮助，拜吕不韦为丞相，封为文信侯，并把河南洛阳一带的十二个县作为他的封地，以十万户的租税作为他的俸禄。吕不韦成为秦国权倾朝野的重臣。

## 说文解字

“奇货可居”的意思是，把珍奇的货物囤积起来，等待高价出售。比喻以某物为资本，博取功名利禄。“奇”字最早出现在金文中。许慎说：“奇，异也。一曰不偶。”意思是“奇”是特殊、奇异的意思，另一个意思是不成双数。“奇”引申为稀奇、特殊的意思，也有美好、绝妙的意思，泛指一切不同寻常的、奇特的人或事物。

# 取而代之

公元前223年，秦王嬴（yíng）政派老将王翦（jiǎn）统率六十万大军浩浩荡荡地南下攻楚，意在吞并楚国。楚将项燕率军抗敌。双方几经交锋，楚军不及秦军骁（xiāo）勇，加之寡不敌众，结果大败，项燕也在军中阵亡。随后，楚国被灭。

秦王吞并六国之后，下令将各国王室及大臣掳（lǔ）到秦都咸阳，或杀或囚，意在杜绝后患。项燕的儿子项梁带着侄儿项羽侥幸逃脱。项梁开始教导项羽读书，可项羽并不喜欢读书，读得很不用心。项梁几次督促却见效不大，只好改教项羽学习剑法。可是，项羽学剑也不大用心。这可惹怒了项梁，他把项羽叫到面前，生气地训斥他。

项羽振振有词地答道："读书学会写自己的名字就够了，剑术再精也只能是一个人作战，没大用处。我要学统率万人作战的本事。"

项梁出身军人世家，对兵法颇有研究，而且也不反对项羽学兵法，于是又改教项羽研读兵书战策。

有一天，秦始皇巡行天下。车驾经浙江到

江苏，恰好被项羽和项梁看到。项羽顿生羡慕之心，脱口而出：“我将来一定可以取代他。”

项梁听了大吃一惊，急忙捂住项羽的嘴，说道：“这话是要犯灭门之罪的。”但项梁心里却为项羽胸怀大志而高兴。

## 说文解字

“取而代之”的意思是，夺取别人的地位、权力而代替他。现在是指以一种事物代替另一种事物。取：夺取。代：代替。

# 三寸之舌

战国时期，在赵国公子平原君赵胜门下有个食客名叫毛遂（suì）。毛遂整日无事可做，没有什么名声，几乎不为人所知。

公元前257年，秦昭王围困了赵国的首都邯郸，企图吞并赵国。赵孝成王急忙派平原君为使臣去楚国求援，要求与楚国订“合纵”盟约联合抗秦，以救赵国之危。毛遂自愿前往，到了楚国后，他和同行的十九个人谈论起天下大事，头头是道，

大家对他的学问和辩才都佩服不已。

平原君与楚平王会谈那天，毛遂按着剑从容不迫地走上了台阶。楚平王根本没有把毛遂放在眼里，非常傲慢地要他退下去。但毛遂却紧握剑柄，走到楚平王跟前，以武力威胁楚平王。接着，毛遂根据形势义正词严地分析了楚、赵两国的关系，说明赵国派使臣来缔约联合抗秦，乃是为了救助楚国，而不只是为了赵国。

楚平王思考了一下，觉得毛遂说得确实有理，就与平原君一起举行了缔约仪式。这样，联合抗秦的大事圆满完成了。

平原君带着一行人回到赵国后，和人谈起毛遂这次的功劳，感慨万分地说："毛遂先生一到楚国，就使赵国的地位像九鼎那样的国宝一样尊贵。毛遂先生的三寸之舌，真是胜过了百万雄师！"

从那以后，毛遂得到了平原君的重用，被奉为上宾。

## 说文解字

"三寸之舌"的意思是，以自己出众的口才完成了使命，形容能言善辩的口才。

# 三生有幸

相传，唐代有位高僧名为圆泽，他有个好友叫李源善。二人一起在外散步之时，突然见到一个妇人正在河边打水，圆泽停住脚步对李源善说：“我一直想避开这女人，现在避不开了。我见到她后，就要死了。”

李源善看了看那个妇人，是个怀孕的女子，没什么特别。为什么看到她之后，圆泽和尚就要圆寂呢？圆泽接着说：“这女人怀孕已经三年，专等我去投胎托生。你三日之后去这女人家看望我，她的新生儿子如果对你一笑，那就是我圆泽了。再过十三年的中秋夜，你到杭州天竺寺去找我，我们可以再次见面。”说完，圆泽回寺坐化。

过了三日，李源善去拜访那位妇人，他半信半疑地想，这就是好友圆泽的母亲吗？待真的见到她刚刚诞下的孩子，又见那初生婴儿违反常规地对自己一笑之后，他相信了。

十三年后的中秋夜，李源善去杭州天竺寺，刚到庙门就听到一个十多岁的牧童在唱歌：“三生石上旧精魂，赏月吟风不用论。惭愧故人远相访，此身虽异性常存。”

## 说文解字

“三生有幸”形容十分幸运。佛教中称人的前生、今生和来生为“三生”。“三”是一个表示数目的字，“三”字在中国传统文化中富有丰富的内涵，《说文解字·三部》：“三，天地人之道也。”人们观察天地日月星辰及人类社会，常“以三为法”，来描述自然与社会。

# 兔死狗烹

春秋时期，越王勾践手下有两个极有才华的功臣，一个是范蠡（lǐ），一个是文种（zhòng），他们忠心耿耿辅佐勾践。勾践发兵攻打吴国惨败，在范蠡和文种的帮助下，越王勾践才得以积蓄力量，后来一举灭亡了吴国。

范蠡深知越王勾践为人凶残，侍奉君主打败吴国大任完成后，他便去国离都，舍弃荣华富贵而隐居起来。范蠡惦念好友文种的安危，托人带信给他说：“飞鸟尽，良弓藏；狡兔死，走狗烹。你怎么还不跑掉逃避灾祸呢？”文种起初没听范蠡的规劝，后来知道勾践确实会将功臣杀害，于是装病不上朝，但为时已晚，勾践最终还是赐文种一死。

## 说文解字

“兔死狗烹”，既可用于形容统治者残杀功臣良将，又可用于普通朋友之间过河拆桥之恶行。

# 同病相怜

据明朝《应谐录》记载，古时候有位姓张的人，他做了一张床，精巧异常。可是，床放在房间内，有谁知道呢？于是，他想出一条妙计：传出话去，说自己染病卧床不起。

此招十分灵验，亲友都来看望“染病”的张某，在榻前嘘寒问暖、探视慰问。当然，在看望病人的同时，人们对这张床也不约而同地赞叹一番。

无巧不成书，张某有个亲戚姓尤，也像张某那样虚荣。他来看望张某时，穿上了一双自家新织的漂亮的袜子，一见张某便把裤腿拉得很高，坐下来也架起腿左摇右晃。张某当然明白尤某的用意。

尤某假装关心地问张某：“你到底得了什么病啊？”张某哈哈大笑：“老弟，我的病同你的病一样啊！”于是，“同病相怜”这个成语就这样产生了。

## 说文解字

“同病相怜”常用于形容两者的境况都很差，有类似的遭遇，或都重病在身而互相同情慰藉。

# 退避三舍

春秋时期，晋国发生内乱，公子重耳避祸出逃。

有一段时间，重耳住在楚国，楚成王对重耳的人品十分钦佩，完全按照国君的标准来接待他。在一次宴会上，楚成王问重耳：“我待您情深义重，将来公子做了国君，打算怎样报答我呢？”

重耳想了想说：“假如有一天晋楚在战场相见，我将命令晋军退避三舍，作为对您的报答。”

重耳的这番话被一同饮酒的楚国大将子玉听到了。他觉得重耳具有英雄气度，若有朝一日回到晋国，一定会对楚国构成威胁。于是，子玉建议楚成王除掉重耳。

楚成王说：“现在各国都在广招英雄，我们却要将广有贤名的英雄

给杀掉，那还有谁再敢与我们交往，为我们效力？更何况，无缘无故地承担害贤的恶名也太大了。”

十几年后，秦国帮助重耳返回晋国做了国君，重耳继位，是为晋文公。晋文公励精图治，使一度衰弱的晋国国势好转起来。

公元前633年，楚国联合陈、蔡、郑、许等国攻打宋国。联军很快逼近宋国都城商丘。宋国情势危急，急忙派人向晋国求救。晋国与宋国一向修好，晋文公马上点兵出征，援助宋国。

晋文公见楚军前来迎战，便守约下令大军后退九十里，兑现了“退避三舍”的诺言。晋楚两军在城濮（pú）交战，晋军奋勇作战，战胜楚军，赢得了胜利。

## 说文解字

退避三舍，比喻主动退让和回避，以免发生冲突。“舍”字，上部像屋顶梁柱构架的形状，下部代表房屋的墙，因而舍的本义指“房屋”。《说文解字》说：“舍，市居曰舍。”即“舍”指客人居住的宾馆，所以“舍”也可以作“住宿”讲。在古代，行军以三十里为一舍。

# 图穷匕见

战国末期，燕国的太子丹曾在秦国做人质。秦王嬴政瞧不起他，也不放他回国。后来，终于让他回国，又想在途中设计杀害他，但是没有得逞（chěng）。后来秦国先是吞并了韩、赵两国，接着又向燕国进军。为此，太子丹决定派人去行刺秦王。

荆轲是齐国人，智勇双全，尤其擅长剑术，游历至燕国后，燕人叫他荆卿，亦称荆叔。太子丹听说荆轲有勇有谋，觉得他是行刺秦王的最好人选，便筵（yán）为贵宾，尊为上卿，想让他去刺杀秦王，荆轲满口答应。并且，太子丹找了秦舞阳陪同荆轲前往秦国。

荆轲带去了秦王想得到的两样东西：一是从秦国叛逃的将领樊於（wū）期（jī）的头颅；二是燕国督亢（gāng）地区的地图，表示燕国愿将这块地方献给秦国。荆轲将两样东西分别放在匣子里，而行刺秦王的匕首就放在卷着的地图的最里面。临行时，太子丹等人身穿丧服，将荆轲和秦舞阳送到易水边。

荆轲来到秦国，秦王下令在都城咸阳宫内隆重接见来使。荆轲按照秦王的要求打开匣子，双手将匣子捧

给秦王。秦王慢慢展开卷着的地图，快展到尽头时，突然露出一把匕首。荆轲急忙左手抓住秦王的衣袖，右手拿起匕首便刺。

但是，荆轲并未刺中秦王。就在这紧张的时刻，秦王的侍臣突然用医袋投掷荆轲，秦王迅速拔出剑来，一剑砍断了荆轲的左腿。荆轲倒地后，将匕首投向秦王，结果未中。荆轲最终被拥上来的卫兵杀死。

## 说文解字

“图穷匕见（xiàn）”的意思是，将图展到尽头，匕首就会露出来，用来比喻事情发展到最后，真相就会显露出来。现代汉语“穷”常作“贫穷”讲，而古代的“穷”为“尽头”“走到尽头”“完结”的意思。“见”同“现”，由于古时候没有“现”字，因而“现”字的意义“显露”“表现”“现成”等全由“见”兼起来。

# 心怀叵测

三国时期，曹操想趁周瑜刚刚死去之时攻打东吴，但又怕西凉太守马腾乘机袭击自己的都城许昌，便请大家出计献策。

谋士建议以皇上的名义，给马腾下诏书，封他为征南将军，命他攻打东吴，待把他骗到许昌之后，再杀掉他。

曹操很高兴，立即照办。

马腾接到诏书后，想将计就计，利用皇帝册封的机会，

去许昌将曹操杀死。马腾的侄子马岱（dài）说：“曹操十分狡猾，心怀叵（pǒ）测。如果叔叔要去许昌，怕是凶多吉少。”马腾没听侄子的劝告，还是执意要去许昌。没等马腾到达，曹操就用伏兵在路上把他杀了。

## 说文解字

“心怀叵测”，指心存险恶，不可推测。“叵”是“不可”两字演变而来的合音合义字，意思仍是“不可”。

# 夜郎自大

据史书记载，汉武帝受到张骞（qiān）成功出使西域的鼓舞，又命他出使西南，沟通当时的大夏国。

张骞一行到了滇（diān）国和夜郎等地。滇王问张骞等人："汉朝与我们相比，哪个大？"张骞谦虚地说："汉朝略胜一筹。"

汉朝使者到了夜郎，夜郎王也问了同样的问题。张骞心想，夜郎的地盘只及得上汉朝的一个郡，可夜郎国王因为山高林密，从没有走出去过，还以为夜郎属于天下的大国家呢。于是张骞便向他们介绍了汉朝的情况，但夜郎国的人并不相信。

后来，北方匈奴和南方巴蜀不断侵犯边界。汉武帝在镇抚北方的同时，派兵去征讨南方。唐蒙应召出征，他在向汉武帝的上书中建议，要征服南方必须首先结交并镇抚夜郎国，作为进取南方之路。汉武帝采纳了唐蒙的建议，并派他率领一万多人运送大批礼物由长安到夜郎，以便安抚夜郎国，再将夜郎国改为汉朝的郡。

唐蒙见了夜郎国国王后，便转达了朝廷的意愿，以封侯和把他儿子作为郡守为条件，并赠送了华丽的绸缎等，提出改夜郎国为汉朝的郡。由于夜郎国国王从未离开过国土，也不知外界的情形，所以一直骄傲自大。当使者告诉他夜郎的国土只有汉朝一个郡那么大时，夜郎国国王终于同意改为汉朝的郡，配合汉朝的军事行动。

## 说文解字

“夜郎自大”的意思是指夜郎国的人骄傲自大。比喻学识浅薄又妄自尊大的人。夜郎：汉朝时西南部的一个小国，在今贵州省西部。

# 昭然若揭

春秋时，鲁国有个叫孙休的人，经常同他的老师扁庆子探讨修身处世的学问。

一天，孙休又来到扁庆子的家，进门后就唉声叹气地说：“我在乡里居住时，不曾被人说过道德修养差；面临危难时，也没有人说过我不够勇敢。可是，我的田里却一直没有好收成，为国家出力也没有遇到圣明的国

君，还要被乡里所遗弃，受地方官的欺负。我究竟做错了什么，上天要这样惩罚我呢？”

听完了孙休的抱怨，扁庆子非常同情他，安慰他

说："你没听说过那些道德修养极高的人的修行吗？他们非常清高，所以对外面发生的事情能视而不见，听而不闻，心中坦坦荡荡，没有杂念，就像生活在尘世之外。而你满脑子都是凡夫俗子所关心的事情，想把自己的欲望和才能张扬地表现出来，就像高举着太阳和月亮行走那样清楚而又明白，这怎么能和圣人相比呢？你身体健康，生下来后没有因为疾病或天灾变成聋人、盲人、腿脚不方便的人，又生儿育女，尽享天伦之乐，这不是已经很好了吗？你还有什么可抱怨的？所以我劝你快回家去吧，别再浪费精神啦！"

## 说文解字

"昭然若揭"的意思是，事情已经很明显地表现出来。形容事情的真相或本质都已被披露，大白于天下。昭然：清楚、明白。揭：高举。

第十一章

# 俗语故事

## ——思想的光芒、汉字的智慧

贺

# 破天荒

唐代规定，凡是考进士的人，都要由地方政府护送进京，参加考试。

荆州地区是一个士绅汇集之地，但是每年护送进京的举人都没有考上进士的，一连几十年都是这样。人们讥笑荆州地区的文化落后，戏称那里为“天荒”。

有一年，有个叫刘蜕（tuì）的考生终于考中了进士，荆州士绅好不得意，认为这是破了天荒。大家集资七十万银钱向刘蜕表示祝贺。刘蜕收下银钱，并写信感谢乡亲的厚意，但同时也表示自己不同意“破天荒”这个说法。他认为荆州距京城不过一千多里路，怎么能说是“天荒”呢？但不管刘蜕怎么认为，“破天荒”这个词还是流传开来。

在古代，常用“破天荒”来比喻某人平日里默默无闻，却突然得志扬名。现如今，人们常用“破天荒”来形容从来没有过、第一次出现的事物。

## 语林撷珍

对着水缸吹喇叭——有原因（圆音）

垛（duò）泥匠不拜佛——心里有底

鹅卵石放鸡窝——混蛋

恶狗咬天——狂妄（汪）

饿着肚子造反——借机（饥）闹事

# 东西

相传，南宋理学家朱熹（xī）好学多问，爱钻“牛角尖”。

有一天，朱熹偶然遇见精通天文地理的好友盛（shèng）温和。朱熹笑问盛温和：“你提着竹篮子干什么去呀？”盛温和见是朱熹，就想和他开个玩笑，便诙谐地眨着眼睛说：“我呀，是上街买‘东西’的。”朱熹想来想去不明白他说的是什么意思，于是又问：“‘东西’怎么买法？什么价？买‘东西’？那为何不买‘南北’呢？”盛温和听了不觉失声笑道：“你呀，真是聪

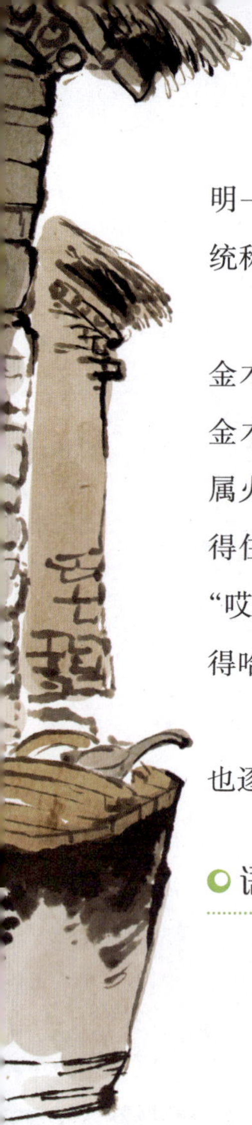

明一世，糊涂一时。我问你，与金木水火土相配，统称为五行的是什么？”

朱熹这才恍然大悟，自言自语地说：“哦，哦……金木水火土，东西南北中，东方属木，西方属金，金木之类的物品，篮子里都能容纳得下，而南方属火，北方属水，这水火类放进篮子，篮子如何承得住？”说罢，朱熹高兴地指着盛温和的脑袋说：“哎呀，原来你的脑瓜子是转弯的！”两个人都乐得哈哈大笑起来。

后来，这个有趣的小故事就流传开来，“东西”也逐渐被作为商品物质的代名词了。

## 语林撷珍

八十个人抬轿子——好威风

八十老汉害个摇头病——不由人愿；由不得人

八十老人吹灯——喘不上气；上气不接下气

八十老翁练琵琶——老生常谈（弹）

白菜叶子炒大葱——亲（青）上加亲（青）

# 铜臭

汉灵帝时期，朝廷公然张榜出卖官职，钱多买大官，钱少买小官。一些名士本来已经很有地位，但也不得不随波逐流，花大价钱买高官做。

当时有个叫崔烈的名士花了五百万钱，买了个司徒。到封崔烈为司徒的那一天，百官聚集，汉灵帝也亲自出面，好不热闹。汉灵帝还对亲信说：“这个官职卖得太便宜了，应该卖一千万。”

崔烈当了司徒后，声誉却不如从前。日子一久，他自己也有所察觉。

有一天，崔烈问儿子崔钧：“我现在位居三公，人们对此有何看法？”崔钧说：“您老人家过去名声很大，人们议论您不是没有三公的才能，但现在您登上此位，天下人都很失望。”崔烈问：“为什么会这样呢？”崔钧回答：“他们说您这个官职带着铜钱的臭气。”崔烈大怒，举起拐杖去打崔钧。崔钧见父亲打来，拔腿就跑。崔烈骂道：“老子打你还跑，简直是不孝之子！”崔钧说：“古时

舜对待父亲，小棍子责打就承受，大棍子打来就逃走，不能叫不孝。”崔烈心中惭愧，不再追打崔钧。

后来，人们便用“铜臭”讥讽有钱的人或谴责金钱交易下的各种肮脏勾当，如果骂一个人太爱钱，则称其“充满了铜臭气”。

## 语林撷珍

冬天种麦子——怪哉（栽）

冬天坐长椅——坐冷板凳

斗笠出烟——冒（帽）火

肚脐打呵欠——妖（腰）气

# 老好人

东汉时期，有个叫司马徽的人，善于识别人才。但由于当时政治斗争十分尖锐复杂，他就装糊涂，无论别人和他讲什么，他都回答“好”。所以，人们送给他一个雅号：好好先生。

这天，“好好先生”正在家习字作画，家奴来报：“刘员外来见！”司马徽一听高兴地说了句：“好！”

刘员外一进门就哭丧着脸，司马徽问：“刘员外，今天可好呀？”

刘员外的儿子因在外面胡作非为，杀了人，被官府抓住，押入死牢，就等秋后问斩了。他听说司马徽为人不错，朋友也多，想让他给想想办法，于是对司马徽说："我儿不孝，犯了王法……"

司马徽没听完话就接口说："好。"

刘员外一听，强压怒火继续说："现在被押在死牢，秋后问斩。"

司马徽说："大好。"刘员外气得转身就走。

这时，司马夫人上前劝道："别的事说好无妨，人家儿子要死了，怎可说好？"

司马徽一拍大腿："夫人，你这话说得再好不过了。"

后来，"老好人"形容那些是非不分、不敢得罪人、只求平安无事的人。

## 语林撷珍

火烧大梁——长叹（炭）

火烧莲花寺——妙哉（庙灾）

火烧字帖——自然（字燃）

公鸡头上的肉——大小是个官（冠）

脊梁骨上长茄子——生了外心

# 捉刀

三国时，曹操统一北方后，各少数民族部落纷纷归附。

有一次，匈奴派来的使者要见曹操。曹操考虑到自己的相貌丑陋，就叫仪表堂堂的武官崔琰（yǎn）冒充他代为接见，为的是使匈奴使者见而敬畏。

接见时，崔琰穿戴了魏王的衣帽，比平时更有精神。曹操自己却佩着刀，毕恭毕敬地站在崔琰的座位旁，装作侍卫的样子，从旁边观察匈奴使者的态度。

接见过后，曹操还想知道匈奴使者的反应，便派

人去暗暗打听。

派去的人听见使者对身边的人说："魏王仪表固然出众，可是那个座旁捉刀人，看来倒真是一位了不起的英雄！"

曹操听后，派人去把使者杀了。

后来，人们称代人作文为"捉刀"。例如，请人代写文章，就叫"请人捉刀"；替人作文的人，就叫"捉刀人”。如今把替考人叫“枪手”，把请人代考叫“请枪手”，与“捉刀”的意思差不多。

## 语林撷珍

错把洋芋当天麻——不知好歹；好歹不分

打柴的下山——担心（薪）

打掌的敲耳朵——离题（蹄）太远

大树上吊个口袋——装疯（风）

捣蒜槌子打鼓——懂（咚）

# 二百五

相传战国时期，苏秦身佩六国相印，一时很是威风，但也结下了许多仇人。

后来，苏秦在齐国被人杀了，齐王十分恼怒，要为苏秦报仇，可一时却拿不到凶手。于是，齐王派人在城内外贴榜文说：“苏秦是个内奸，杀了他赏黄金千两，望来领赏。”

榜文一贴出，就有四个人都声称自己杀了苏秦。齐王说：“到底是谁杀了苏秦，这可

不许冒充呀！”四个人都咬定说是自己干的。齐王说：“一千两黄金，你们四个人各分得多少？”四个人齐声回答：“一人二百五。”齐王大怒道：“来人，把这四个‘二百五’推出去斩了！”“二百五”一词就这样流传了下来。

“二百五”指那些说话随便、办事不认真、好出洋相的人。

## 语林撷珍

皇帝的妈妈——太厚（后）

皇帝剃光头——不要王法（发）

豁（huō）牙子拜师傅——无耻（齿）之徒

火柴把上绑鸡毛——胆（掸）子小

火车头没灯——前途无量（亮）

# 瓦解

战国末期，群雄并起，秦王嬴政叱咤风云，踏平六国，统一全国，建立了中国历史上第一个封建王朝，自称秦始皇。

秦始皇刚死，他的小儿子胡亥就与赵高、李斯狼狈为奸，逼死了长兄扶苏，夺取了帝位，史称秦二世。

秦二世缺少秦始皇的雄才大略，但在残忍暴虐方面却有过之而无不及。他一上台，就大肆诛杀和他意见不合的人。人们生活在水深火热之中。

很快，朝廷的暴政引发了百姓的反抗。陈胜、吴广揭竿起义，举起反秦的旗帜，天下群雄响应。诸侯背叛，将领倒戈，秦军主力在前线节节败退。起义军中刘邦、项羽的兵马直逼都城咸阳。在秦王朝风雨交加、摇摇欲坠之际，朝廷在后方发生了内讧（hòng），丞相赵高诛杀了秦二世，立二世的侄儿子婴为帝。子婴在举行登位大典之前诛杀了赵高。子婴只当了四十多天的皇帝，刘邦和项羽就打进了咸阳城，子婴被项羽杀死，辉煌一时的秦王朝就此灭亡。

后来，司马迁在记叙这段历史时，用了一个极其形象的比喻，形容秦王朝的迅速崩溃。他说：“这真像是瓦解呀，即使有周公那样的能人，也挽救不了它的毁灭。”

此后，人们便用“瓦解”来比喻事物的崩溃、分裂或分解。

侯將相寧有種

## 语林撷珍

挨着火炉吃海椒（辣椒）——里外发烧

矮梯子上高房——搭不上言（檐）

矮子里面拔将军——将就材料；短中取长

矮子骑大马——上下两难；上下为难

# 人心不足蛇吞象

从前，有个书生见路边有条受伤的小蛇，便把它带回家悉心照料。蛇伤好后，书生将蛇放回山里，他正要回家，忽听蛇说话了：“谢谢相公救了我的命，我别无报答，只保佑今年科考相公高中状元。”

书生果然中了状元，衣锦还乡。他来到放蛇之处跪倒在地，口中念念有词：“多谢蛇仙相助。”忽然，眼前出现一条大蟒（mǎng），对他说：“救命之恩，永世难忘，相公若想当个一品大官，可将我的眼珠拿去献给皇上，定可如愿。”状元一听，心中暗喜，但口中却道：“万万不可，万万不可如此行事。”大蟒说：“若不是相公救我，哪有我的今天，快拿去吧。”推辞再三，状元还是动手挖了蛇眼，原来是颗夜明珠。

状元把夜明珠献给皇上，皇上大喜，马上封他为一品宰相。不久，太后得病，久治不愈。皇上下诏："谁能治愈太后，官封九千岁。"宰相心里一动："若找蛇仙帮忙，定能治愈太后，到时我就是一人之下、万人之上的九千岁了。"

宰相又找到大蟒，说明来意。大蟒见此人如此贪婪，无可奈何地说："太后的病只有我的心头肉能治，你来取一点儿吧。"说完张开嘴，等宰相进去。宰相一听狂喜，赶紧钻入蛇嘴，竟欲割下大蟒的全部心肝。大蟒疼痛难忍，用力把口一闭，宰相就此葬身蛇腹。

这里的"相"本来是宰相的"相"，后来被人们传成了大象的"象"。"人心不足蛇吞象"比喻人贪心不足，就像蛇想吞食大象一样。

## 语林撷珍

池塘里摸菩萨——劳（捞）神

出国的大轮船——外行（航）

厨子回家——不跟你吵（炒）了

锄头刨黄连——挖苦

# 圈阅

自三国时起，我国就有在契约上签字的做法，以表示某人的身份，史书上称为“押”。唐宋时期，改变了过去署全名的做法，臣僚（liáo）们在进呈公文或传阅书牍（dú）时，只写上自己的字，表示“阅过”之意。

公元1069年，王安石任参知政事，每天都要接触大量的公文、呈文。按照惯例，每次阅过文牍后，王安石都要写上一个“石”字。由于文牍多，他的性子又比较急，且不太注意书写规范，因此，这个“石”字在写了一横一撇以后，干脆把剩余的“口”字画成了圆圈。

据史书记载，“他作圈多不圆，往往窝扁，又多带过”，因此，给别人造成了很多麻烦。为了方便和明显，在一次议政会之前，王安石将“阅毕”文牍的符号告诉了大家，即一横一撇后加一个圆圈。

时隔不久，王安石索性把横、撇去掉了，仅仅将那个圆圈保留。时间一长，其他同僚竟纷纷仿效，久而久之便演变成了“阅毕”文件的特殊符号。

时至今日，有些单位仍然流行这种“圈阅”的格式，在文件上签上姓名，然后画个圈，表示已经经领导审查。

## 语林撷珍

擀面杖升云天——诽谤（飞棒）

缸里盛酒——不在乎（壶）

隔门缝吹喇叭——名（鸣）声在外

给刺儿头理发——难题（剃）

# 名堂

明堂是古时候帝王会见诸侯、接见长者的地方。祭天敬祖、封官行政、立学讲课等活动，也都在这里举行。

相传，汉武帝有一次登临泰山，看见山上有一处古时明堂遗址，便雄心大发，要在这片遗址上造一座新的明堂，以显示自己的文治武功。可是，明堂的建造方法很早就失传了，文武百官也从来没有见过明堂是什么样儿，也就只好作罢。

唐朝武则天时期，由于国势强大、经济繁荣，加上武则天本人好大喜功，重建“明堂”的事又被提了出来。武则天让大臣各自上书献策，谈谈明堂是什么样的。

没过多久，有人写了《黄帝明堂经》三卷献给武则天，上面绘有巍峨的正殿，四面是清水环绕，空中有响履木铺成的复道通到岸上，非常豪华。

武则天看后十分高兴，准备照此动工。大臣刘允沦怕修造明堂劳民伤财，于国无利，就写了一篇《明堂

赋》，讥讽那人不知搞的什么“明堂经”，“明堂经”里也不知弄的什么“明堂”，纯属子虚乌有，胡说八道！武则天看后明白了刘允沧的一片苦心，就没照着那所谓的“明堂经”去造“明堂”。

不久，这事流传开来，人们就将制作稀奇古怪、别出心裁的东西称作“搞什么明堂”，慢慢地写成了“名堂”。

## 语林撷珍

官老爷下轿——不（步）行

光头上拍巴掌——正大（打）光明

锅台上的油渣——练（炼）出来的

怀里揣黄连——辛（心）苦

# 牺牲

“牺”为祭牲之专名。“牺”指在宗庙祭祀的纯色的家畜，“牺牛”就是纯色的牛。《礼记·曲礼下》：“诸侯以肥牛，天子以牺牛。”这是说，古代礼制，祭祀诸侯用肥壮的牛，天子则要用纯色的牛。

“牲”指供祭祀的家畜。整个的牛、羊、猪叫作“牲”。对于祭祀祖先的飨（xiǎng）

宴，不仅要毛色纯（牺），而且要整个的（牲）。从这里可以看出古人对于祖先的飨宴是非常看重而讲究的。牲畜，指人饲养的动物，如“家畜”“农畜”，含义较广泛。古时有“三牲六畜”。“三牲”指猪、牛、羊；“六畜”，则为鸡、犬、猪、牛、马、羊。古时常用“五谷丰登，六畜兴旺”形容农之丰年。据郑玄注：“始养之曰畜，半用之曰牲。”意思是

说，刚开始饲养的牲口叫“畜”，养壮大而可宰的叫“牲”。

由此可见，“牺牲”的现代义在古汉语中是没有的，这个现代义是根据古代宰杀牛、羊、猪以供作祭祀这一事而引申出来的。牺牲的现代义指为了正义或者其他的利益，舍弃自己的利益，甚至生命。

## 语林撷珍

肥脚螃蟹——大家（夹）

风扫杨花——下落不明；不知下落

甘蔗地里长草——荒唐（糖）

赶鸭子上坡——各顾各（咯咕咯）

# 喝墨水

据相关历史记载，南北朝时的北齐明文规定，儒生在考试时成绩非常糟糕者要被罚喝墨水。此习延续了不少朝代，虽然罚喝墨水在一定程度上能激励考生再努力，但是，时有发生因罚喝墨水太多使落选考生生病甚至死亡的事件。

到了隋朝，皇上恩典，颁布罚喝墨水减量，《隋书·仪礼志》记载，凡文理不通、不精或书写潦草而没考上的，罚喝墨水一升。而在此之前，罚喝墨水是一斗（即十升），文弱书生根本受不了。

唐朝时，此恶习才彻底改变。唐太宗没做皇帝时也曾打算考试晋官，但一想到考不上要被罚喝墨水，轻则喝病，重能喝死，只好打了退堂鼓。他当上大唐皇帝后，觉得此法害人不浅，不仅是弄病或是害死书生那么简单，而是令更多的有识之士望考试而生畏，严重耽误了国家选拔人才。唐太宗宣布废除罚喝墨水的陋习，书生们解除了思想压力，纷纷应试，为唐朝的兴旺做出了巨大贡献。

后来，人们便将有较高文化的人称为“喝过墨水的人”。

## 语林撷珍

白开水画画——轻（清）描淡写

白了尾巴尖的狐狸——老奸巨猾

百尺竿头挂剪刀——高才（裁）

搬起石磙（gǔn）砸碾盘——实（石）打实

# 眼中钉

后唐唐明宗时期，有个叫赵在礼的人担任宋州的节度使，掌握着地方的军政大权。他依仗自己的权势，欺压百姓，搜刮民财，干了许多罪恶的勾当。宋州的百姓吃尽了苦头，对他恨之入骨。

后来，赵在礼想调离宋州，到富裕的永兴做官，于是贿赂自己的上司。宋州的老百姓听到这个消息后非常高兴，互相庆贺说：“赵在礼走了，好像拔掉了眼中的一颗钉子，这真是咱们百姓的福气呀！”

　　不料，这话传到赵在礼的耳朵里，气得他暴跳如雷，于是赶紧修书一封上奏皇帝，请求继续留在宋州。皇帝还以为他深得民心，百姓挽留他呢，所以就答应了他的请求。这样一来，宋州的老百姓却遭了殃。赵在礼下令，让宋州的老百姓每人交一千文铜钱，作为“拔钉钱”，不然就要被抓起来，关进监狱。宋州的百姓只好暂时忍受着赵在礼的淫威，但他们心里却时刻在憎恨着这颗“眼中钉”。

　　此后，人们便常用“眼中钉”来比喻心目中最痛恨、最厌恶、最仇视的人。

## 语林撷珍

馋嘴巴走进药材店——自讨苦吃；自找苦吃

唱戏的穿玻璃鞋——名角（明脚）

晁（cháo）盖的军师——无（吴）用

炒了的虾米——红人（仁）

炒咸菜不放盐——有言（盐）在先

# 借光

相传，战国时期，秦国有个叫甘茂的大臣，因遭奸臣诬陷，不得已逃往齐国。

当甘茂逃出秦国的边境函谷关时，正好遇到了著名的纵横家苏代。苏代问甘茂要到哪里去，甘茂没有直接回答，而是给他讲了一个“借光”的故事。

据说，有一个村子里住着许多人家，每天晚上，各家的姑娘都会聚在一起，把各自带着的点灯的油倒进一盏大灯里，一起在灯下做针线活。而其中有一个穷姑娘出不起灯油，其他姑娘就讨厌她，准备把她赶走。

穷姑娘对大家说："我确实拿不出灯油来，但是，如果我每天早点到这里，大家回家时又晚点走，这样就可以帮助大家打扫一下屋子，安置一下桌凳，尽心尽力为大家做点事情，为你们提供方便，你们为什么还吝惜这照在四周墙上的一点余光呢？如果借点光给我，我同你们一起做针线，是绝对不会妨碍到你们的。"姑娘们觉得她说的话很有道理，就把她留下了。

苏代听了甘茂的这个故事后，明白了他的意思。于是他们俩一齐去了齐国，苏代在齐王面前极力推荐甘茂，于是齐王拜他为上卿。

"借光"一词现在已经成了人们普遍使用的礼貌用语。人们把凡是请求别人提供某种帮助和从别人那里分享某种荣誉称作"借光"。

## 语林撷珍

脖颈上拴头驴——不是正庄（桩）

补锅匠栽跟头——倒贴（铁）

擦火柴点电灯——其实不然（燃）

裁缝的肩膀——有限（线）

# 媒人

很久以前，在山的两边有两个村庄，一个叫南庄，一个叫北庄，这两个村庄相距很远，所以村庄的人很少有来往。

南庄有一个青年叫赵景，朴实能干。北庄有一个姑娘叫阿彩，聪明美丽。

有一年，这两人在一位好心老汉的撮（cuō）合下认识了，后来相爱结了婚。

婚后，赵景和阿彩恩恩爱爱，日子过得十分美满。夫妻俩非常感激这位老汉，总想找机会报答他，可是这

位老汉去了远方，他们俩怎么也找不着。夫妻俩经过一番商量后，决定由心灵手巧的阿彩动手，用米粉为老人塑了尊像做纪念。

塑像放在哪儿比较安全呢？他们想来想去，最终将这尊塑像藏在一个柜子里，决定每到他们结婚纪念日时，就取出来跪拜一番。

到了下一个结婚纪念日，他们打开柜子一看，这尊用米粉塑的像已经发霉了，成了一个霉人，夫妻俩便亲切地称呼那座塑像为“霉人”。

村里人很快便知道了这件事，一传十，十传百。渐渐地，人们便将男女婚姻的介绍人称为“霉人”。

后来，人们觉得“霉”字不雅，也不吉利，就把“霉人”改为“媒人”，取“媒”字为“媒介”的意思，一直流传了下来。

## 语林撷珍

鳄鱼挂念珠——冒充善人

鳄鱼上岸——来者不善

二两棉花十张弓——谈（弹）不得；无法谈（弹）

房檐下的石头——轮（淋）不着

# 润笔

隋朝有个名叫郑译的人，曾为隋朝的建立立过汗马功劳。文帝杨坚即位时，便对这位开国功臣委以重任。

可是郑译却居功自傲，玩忽职守，对父母又不孝顺，因而被隋文帝降职，最后被贬为平民。

后来，隋文帝要重修法令，又想到郑译的才干，觉得他仍然可用，便重新征召他入宫，并在宫里设宴款待他。

席间，隋文帝对郑译说：“你被贬已经有很长时间了，我心里有些过意不去，想重新起用你。”于是便下令恢复郑译的官职，授沛（pèi）国公爵位。

郑译对此十分感动，忙跪谢皇恩，并举杯提议祝隋文帝万寿无疆。隋文帝乘兴命内史令李德林立即写诏书让他上任。

在一旁陪宴的丞相高颎（jiǒng）看了看他们，笑着说道：“笔太干啦，要润润笔哩！”意思是，写委任

状也得给人一点儿好处费呀！

郑译一听，很快明白了高颎的言外之意，马上笑答：“我削职为民已经有很长时间了，拿什么来润这干笔呢？”

一语既出，隋文帝和众臣都哈哈大笑，宴席气氛更加活跃。“润笔”一词从此便流传开来。

后来，人们就以“润笔”来代指请人作文和书画的酬劳，并成为一种书面用语。

## 妙趣横生

背手上鸡窝——不简单（捡蛋）

背着醋罐子讨饭——穷酸

鼻梁上推小车——走投（头）无路

鼻子下面挂电灯——闻名（明）

# 偏袒

周勃是汉高祖刘邦手下的一员勇将，此人在军中威望甚高。刘邦临死时，生怕有人想篡位夺取刘氏天下，因而对周勃厚爱有加，曾对人说道：“安刘氏者，必勃也。”

刘邦死后，吕氏专权，大封吕姓子侄为王，大力培植吕姓的势力。周勃想到高祖刘邦的重托，决心夺过吕氏的兵权，恢复刘氏的帝业。

经过周密的策划，一天，周勃把军士们召集在一

起，宣布了自己诛吕扶汉的主张。他对士兵们说：“凡是拥护吕氏的，就脱掉袖子，露出右臂；凡是拥护刘氏的，就露出左臂。”周勃的话音刚落，兵士们都齐刷刷地露出了左臂，表示拥护刘氏，听他的指挥。经过周勃等人的努力，很快，吕氏就垮台了。

偏是“偏向一方”的意思，袒是“裸露”的意思。后来，“偏袒”在原意的基础上，引申出“偏向”“袒护”的意义。

## 语林撷珍

按别人的脚码买鞋——生搬硬套

熬尽了灯油——烧心（芯）

鏊（ào）子上烙饼——翻来翻去

八个老汉划拳——三令五申（伸）

# 真金不怕火炼

相传南北朝时，佛教兴起，统治阶级和上层贵族大都尊崇佛教，并大兴土木，建造寺院。后来唐朝诗人杜牧诗云：“南朝四百八十寺，多少楼台烟雨中。”此句形象地描述了当时的盛况。

道教见佛教发展如此之快，恐其蔓延开来影响道教的发展，就纷纷起来反对。佛教与道教一时争斗不休，两家决定要真正较量一番，分出个高下。但是，出家人都不愿意动武，恐伤及性命。最后决定，把两家的经卷放在火里烧，看谁家的烧不坏，谁就算胜。

到了比赛的那一刻，佛、道两家各摆好火盆，将佛家的《金刚经》和道家的《道德经》都扔了进去，两家的经书瞬时都烧成了灰。正在这时，《金刚经》突然变成了一座青底金字的石碑，上面刻着金光闪闪的经文。大家正在惊奇，忽见《道德经》则变成了两丈多长的织锦长幅，白底黑字，十分夺目。

双方难分高下，只好请魏宣武帝来裁决。魏宣武帝听了这件事后，说道：“真经不怕火炼，两家各传自家信徒吧！”

在这之后，“真经不怕火炼”这句话就流传了下来，传来传去，“经”被传成了“金”。后来，人们用“真金不怕火炼”来形容货真价实的东西能经得住任何考验。

## 语林撷珍

肚子里塞石头——心里沉重；心理负担太重

肚子里照火笼——自家心里明白

端午节划龙舟——载歌载舞

端着鸡蛋过山涧（jiàn）——操心过度（渡）

对着穿衣镜作揖——自我崇拜

# 东道主

春秋时期，有一次，晋国和秦国的联军包围了郑国。大军压境，郑国危在旦夕。这时，有人向国君郑文公献计说："晋国国君重耳攻打郑国是依仗着秦国的威

力，如果派人说服秦国收兵，晋国自然也就退兵了。”郑文公认为他说得很有道理，就派了能言善辩的烛之武去说服秦国退兵。

当天夜里，烛之武偷偷地用绳子从城上坠下去逃出围困，悄悄地来到秦国。他见到秦穆公便问：“秦晋两国军队包围了郑国，郑国朝不保夕。可是，郑国灭亡了，对秦国又有什么好处呢？从地理位置上看，郑国在

晋国的东边，秦国在晋国的西边，秦郑之间隔着晋国。郑国即使被打败了，其土地也只能被晋国占领，秦国捞不着任何好处。您仔细想想，秦国替别国打仗，为人家争得领土，自己得不着好处还削弱了力量，这是何苦呢？”一番话说得秦穆公沉默不语。

烛之武接着说：“如果留下郑国，让它作为‘东道主’（东方路上的主人），秦国的使者往来东方，也有个落脚之地，让他供应秦使缺乏的东西，还能借其限制晋国的扩张，对秦国来说不是有百利而无一害吗？”秦穆公被说动了，同意与郑国结盟，撤回了围郑的大军。果然，秦国一撤军，晋国也就跟着撤军了。

从此之后，“东道主”一词便流传开来，应邀的宾客便以“东道主”来称呼主人。

## 语林撷珍

挨鞭子不挨棍子——吃软不吃硬

挨打的狗去咬鸡——拿别人出气

挨了巴掌赔不是——奴颜媚骨

挨了刀的皮球——瘪了

第十二章

# 汉字应用趣话

## ——方块之间乾坤大

# 自命不凡的秀才

从前，有个秀才自命不凡，平日里爱在众人面前卖弄学问，说起话来，总是“之乎者也”不离口。

有一次，母亲对秀才说：“你舅舅病得很重，你快去看望一下！”秀才满口答应，立即启程前往。

不多时辰，秀才就到了舅舅家。他来到舅舅床前，看了看说：“舅舅有病，我才知之。”

舅舅躺在床上，听后感到十分刺耳，未加理睬。

秀才见舅舅默不作声，怕他没听清楚，便提高嗓

音说："舅舅，进粥乎？进水乎？"

舅舅又懒于回答，也不看他，干脆闭目养神。

秀才见此情景，弯下腰来仔细盯着舅舅，叹息道："声色不动，莫非是要死者？"

舅舅一听，火冒三丈，顺手抄起枕头，向秀才扔去，呵斥道：“混账，你来干什么？莫非要用卖弄斯文来气死我不成？赶快滚出去！”

秀才抱头而逃，边跑边喊：“哎呀呀，一枕飞来，好险也！”

## 边读边想

“之、乎、者、也”是常见的文言虚词。“之”常用作代词和助词，可用于句中，也可用于句末。“者”常用作特殊指示代词，也可用作助词，或表停顿，或表疑问。“乎、也”通常用于句末，表示陈述和疑问语气。

# 《论语》中没有“此”字

相传，清朝乾隆皇帝一次下江南私访，遇到一个孩童。乾隆问道：“读过《论语》吗？”孩童答道：“读过。”乾隆意欲考考这个孩童，便指着一堵墙上“此巷不通”四个大字问道：“你认识这些字吗？”孩童说：“只认识三个字。”“哪三个呢？”“‘巷——不——通’，头一个字不认识。”

乾隆颇感意外，进而问道：“既念过《论语》，怎么不认识头一个字呢？”孩童沉思片刻，满怀信心地说：“《论语》里‘不’字有好多个，‘通’字只一个，‘巷’字有两个，就是不见头一个字。”随后，孩子将《论语》中含有这三个字的句子流利地背了一遍。乾隆见孩童背诵得如此娴熟，深为诧异。

回京后，乾隆找来《论语》，认真地查阅了数遍，“不”字随处可见，“通”字确实只有一个，“巷”也只出现了两次，“此”则杳无形迹。

次日上朝，乾隆面对满朝文武，问道：“众位爱卿，你们说《论语》中有没有‘此’字？”大臣们异口同声：“哪会没有‘此’字呢？这是个极为普通的字啊！”乾隆带着略显不悦的神色说：“大家都回去查查，谁若在《论语》中找出‘此’字，官升三级！”

大臣们煞费苦心，谁也未能在《论语》中找到“此”字。

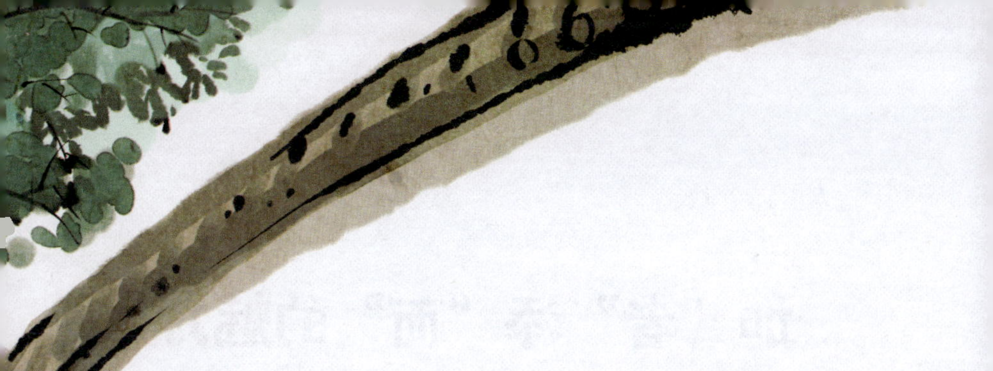

## 边读边想

《论语》中为何没有“此”字呢？明末清初学者顾炎武曾在《日知录·檀弓》中说过：“《论语》之言‘斯’者七十，而不言‘此’。《檀弓》之言‘斯’者五十有三，而言‘此’者一而已。《大学》成于曾氏之门人，而一卷之中，言‘此’者十有九。语音轻重之间，而世代之别，从可知已。”这说明词语的使用具有一定的时代性，“此”这个指示代词在孔子时代还未被孔子及其门人使用。

# 加“者”添“而”的魅力

宋代的范镇曾与著名文学家宋祁同赋《长啸却边骑》。范镇诗成后，宋祁见他破题为“制动以静，善胜不争”，惊叹其妙，但是，宋祁还是提出了一点儿意见：

“你写的赋好极了，只是破题两句缺少顿挫的功效，每句内各添一个‘者’字怎么样？”

范镇高兴地接受了这个建议，于是将破题两句改成“制动者以静，善胜者不争”。

北宋重臣韩琦（qí），相州安阳（今河南）人，官至宰相，名重一时。宋神宗继位后，韩琦出判相州，建昼锦堂，欧阳修为之作赋，开头一句说：“仕宦至将相，富贵归故乡。”韩琦喜得此记，

十分爱赏。

过了几天，欧阳修派了一使臣另外拿来一篇《昼锦堂记》，说：“前篇有不妥的地方，可换这篇。”韩琦再三玩味，觉得新篇和原篇没有什么不同之处，只是在“仕宦”和“富贵”的后面各添了一个“而”字，使得文字更为畅达。

## 边读边想

“制动以静，善胜不争”中间各加一个“者”字，妙在何处？第一，“者”后面可停顿一下，读起来更有节奏感。第二，加“者”后，构成名词性短语，可充当主语或其他成分，使句意更为明确。

“而”是个使用频率很高的文言虚词，它常置于动词与动词短语之间，起连接作用。

# 滥用“而、了”

从前，一个考生的试卷上用了很多“而”字，多有不妥之处。考官便批示道：“当‘而’而不‘而’，不当‘而’而‘而’，而今而后，已‘而’已‘而’。”意思是：“应当用‘而’的地方却不用‘而’，不应用‘而’的地方却又用了‘而’，从今以后，停止乱用‘而’。”

旧时有个私塾先生，虽饱读诗书，却不通事理，是个迂夫子。他有个门生，写文章时爱用“了”字，塾师每读其文，总嫌啰唆。

有一次，这个学生写了一篇文章，虽然不长，却用了五十多个“了”字。塾师一边批改，一边摇头。他改完后，心情难以平静，于是写了个批语：

“你用的了太多了！了快被你用光了。为了不把了用光了，今后不要用了了！”

后来，一位游学先生见了，又写了一个总批：

“师用了，生用了，了多的毛病怎改了？别改了，别改了，反正了字用不了。”

## 边读边想

在考官的批语中，前面两个未加引号的“而”为转折连词，译作“可是”；“而今、而后”为连词性

结构，一般用来表示前后两件事情的承接关系，偏于时间方面。加引号的六个“而”都用作动词，意即“写而”或“使用而”；“已‘而’”即停止（不要）滥用“而”。

学生作文爱用语气词“了”，塾师短短批文中则用了九个“了”，游学先生的总批中，也是“了”字累累，这则笑话有助于我们正确使用“了”字。

# 欧阳修巧劝宋祁

北宋翰林学士宋祁，常以学识渊博自居。一次，朝廷要他主持编撰《新唐书》，并令善于锤炼字句的参知政事欧阳修做他的助手。编撰中，宋祁为了炫耀自己诗书满腹，故意把原书中文辞清丽的字句圈掉，换上冷僻深奥的字。欧阳修对此不赞同，但因宋祁是文坛前辈，不便直言相劝。

一天，宋祁又

用“持水内（nà）石”代替“以水投石”，用“蓬在麻中，不扶而挺”代替“蓬生麻中，不扶而直”，用“震雷无暇掩聪”代替“疾雷不及掩耳”。欧阳修看了，大为不满，便写了“宵寐匪祯（zhēn），扎闼（tà）洪庥（xiū）”八个字，悄悄放在书案上。

宋祁改稿累了，正想休息一下，忽然看见这八个字，他凝眸注视了好半天，也不解其意，只好厚着老脸向欧阳修求教。

欧阳修拱手笑着说：“敬禀老学士，

昨夜晚生做了个怪梦，怕不吉利，便写了这张条幅避避邪，意思是‘夜梦不祥，出门大吉’。”宋祁郑重其事地对欧阳修说：“为什么用这样冷僻古奥的字眼来写，让人不好懂呢？”欧阳修故作谦虚地说：“老先生编撰唐书，造字奇思幻构，晚生学有所通，故略试一二，不当之处，还望先生斧正。”宋祁面红耳赤，半天说不出一句话来。

从此，宋祁再也不敢卖弄学问、生造怪僻的奇词怪句了。

## 妙趣横生

·老太太的妙语·

徐懋（mào）庸在回忆录里说，他初到延安时，看到有的知识分子傲气很盛，看不起工人、农民。有个常写理论文章的同志，就是这样的知识分子。

有一次，他看到一位农民老太太在织布，就问：“你们织一丈布，从纺纱到织成布的整个过程要花多少时间？”老太太听不懂，他连说带比画好几次，老太太终于听明白了，说道：“你说的是‘连纺带织’啊！”老太太极精练的语言使这个同志受到极大教育，即刻改变了对农民的看法，还把这个例子到处宣传。

# 改联励志

清末，广东郁南有个读书人叫杨盘石，能诗善对，幽默诙谐。一年除夕夜，杨盘石吃过年夜饭，在爆竹声中走到外边，忽然看见有户人家贴了一副奇特的对联：

平生好吃新鲜米；品性不烧隔夜柴。

杨盘石知道，这是家穷人，没有存米，也没有存柴。但这米和柴又是从哪里来的呢？一打听原来家里只有一个年轻人，是个孤儿，惯于偷鸡摸狗。没吃的了，去偷，还说是“好吃新鲜米”；没烧的了，也去偷，还说是“不烧隔夜柴”。乡亲们好言规劝过多次，他总是当耳旁风，听不进去。

杨盘石听罢，心里很不是滋味。他赶紧回家找了纸笔，写了几个字，让人去盖贴在原来的春联上。

第二天一早，孤儿家门前围了好些人，年轻人出门来仔细一看，原来对联变成了：

勤劳可食新鲜米；致富长烧隔夜柴。

这时，杨盘石走来，递给他一个大红包说：“年轻人要自食其力，这才是长久之计。这是一点小意思，做个小买卖吧。”从此，年轻人洗心革面，重新做人。

## 妙趣横生

·梁启超妙手改对联·

清朝末年，一次维新派领袖康有为过生日，维新派为了宣传新政，扩大影响，在北京为他隆重举行祝寿仪式，各界人士赠送的寿联不少。

其中有这样的一副对联：“国家将亡必有；老而不死是为。”上下联的最后一个字各有“有”和“为”，恰是康有为的名字。这是顽固派故意引用《四书》中“国

家将亡必有妖孽（niè）”“老而不死是为贼”的两句，以此攻击康有为是妖孽和贼。

维新派人士看后非常生气。康有为的弟子梁启超随即挥笔题字，分别添在上下联的下面，原来的寿联遂变为：“国家将亡必有忠烈；老而不死是为人瑞。”意思、境界大改，众人读罢，称赞不已。

學堂
為人師表表裏不一
才高八鬥鬥鬥不滿
學富五車車車皆空

# 改春联风波

从前，有个村子里有一位能诗善文的秀才，很有名气。这天，村子里的学堂新来了一位先生，自命不凡，决心要和秀才比个高低。

大年初一，秀才刚拉开门，就看见有人在他的门口贴了一副红纸对联。上联写着“福无双至”，下联写着“祸不单行”，横额是“倒霉一年”。秀才想了想，知道是学堂里那位先生送给他的礼物，当下就取出笔墨，在上下联和横额后边分别加了几个字，就高高兴兴地拜年去了。

那位先生假装给村里一些有名望的人去拜年，其实是想顺路看看秀才的笑话。当他路过秀才家门口时，留神一看，大吃一惊。原来秀才一共加了十个字，便改变了对联的全部内容，上联成了“福无双至今晨至”，下联成了“祸不单行昨夜行”，横额成了“倒霉一年享乐终生”。那位先生气得直喘粗气，一声不响地走开了。

正月十六日，学堂开学了。先生刚醒来，就听见门外有几个学生在念对联，不时爆发出阵阵笑声。他心中一惊，急忙披衣起床，出门来一看，不知是谁把他除夕贴的对联全改走了样。他原来的左联是“才高八斗”，右联是“学富五车”，横额是“为人师表”。现在却被改成了“才高八斗斗斗不满，学富五车车车皆空”，横额成了“为人师表表里不一”。先生知道是秀才回敬自己的，心中惊服不已，自思不是秀才的对手，当下就提上一酒壶，到秀才家里给秀才赔礼道歉。从此，两个人成了好朋友。

## 妙趣横生

### ·加“矣”添“乎”·

钱谦益，字受之，号牧斋，明朝崇祯时，官至礼部侍郎；福王继位，出任礼部尚书。为表忠节，自署一联，挂于堂前。联曰：“君恩深似海，臣节重如山。”

后清兵入关，钱谦益投降变节，还是担任尚书。有人痛恶其奸，于联尾各续一字为：“君恩深似海矣！臣节重如山乎？”

# 左宗棠巧对曾国藩

清末大臣曾国藩和左宗棠都是湖南人，都官居高位，且都是湘军首领。左宗棠又是曾国藩推荐上来的，但他们却在许多方面意见不同。这就导致了他们在历史上有不同的地位，比如，在对外事务上，曾国藩是投降派，而左宗棠却是抵抗派，在抗法、抗俄作战中是有功的。

政见的不合，常使曾国藩十分气愤和尴尬。有一次，曾国藩差人给左宗棠送去一封信。左宗棠打开一看，是一副对联的上联：

季子敢言高，与吾意见偏相左。

左宗棠，字季高，联中将他姓字嵌进，指名道姓地斥责他与自己意见相左。左宗棠看了，知道曾国藩是恼羞成怒了，但该坚持的还要坚持。于是，他针锋相对地回敬了下联，让来人带回去。下联是：

藩臣徒误国，问伊经济有何曾。

联中的“经济”，指经纶济世的治国才略。左宗棠也在联中嵌入“曾国藩”三字，指名道姓地讥讽他不懂政治，误国误民。

## 妙趣横生

抗日战争初期，广东省中山县斗门镇乡绅邝（kuàng）汝让和赵君节担任维持会正、副会长，认贼作父，为虎作伥，残害同胞，有辱国体。有擅联者，巧嵌二人名字，凑成一联，表达民众对汉奸的愤慨。联曰：

汝肯能让乎？会长任维持，富贵在你；

君真无节矣！降臣供走使，笑骂由人。

# 徐文长题字

从前，有个鱼行老板，为人贪婪吝啬，整天想着处处占别人的便宜。所以人们给他取了个绰号，叫“蜡烛头”。

鱼行老板自己没有读过书，却羡慕读书人，他让儿子去读书应试，希望儿子有朝一日也做个大官儿。这样，他就不用开鱼行，可以在家做老太爷，享一辈子清福了。

后来，他的儿子果然考中了秀才，他高兴得一夜睡不着觉。第二天一早，他特地跑到徐文长家里，硬缠着徐文长给他题一个雅号，给儿子的书房定个室名。

徐文长没法拒绝，思索了一会儿，就提起笔来题名为“海山先生”；给他儿子的书房题名为“衡玉山房”。鱼行老板拿了这两幅字，兴冲冲地走了。大家看到鱼行老板的雅号和他儿子书房的室名，个个都说这两个名字取得文雅极了。

不久，徐文长的几位好朋友特地跑到徐文长那里去质问：“文长兄，你又不是不知道鱼行老板的为人，为什么把他的外号和他儿子书房的名称取得这般体面呢？”

徐文长回答道：“那外号和书房的名称取得并不体面呀！”

朋友们诧异地问道：“那你为什么要用‘海山’‘衡玉’这些字眼呢？”徐文长笑着回答：“我替他题的‘海山’两个字，其实是不难理解的。你们只要看祝寿的那两支蜡烛上写的金字就会明白，一支是‘福如东海’，一支是‘寿比南山’。如果有人做寿点寿烛，点到后来，只剩了蜡烛头的时候，岂不是一边只剩下一个‘海’字，一边只剩下一个‘山’字了吗？至于那‘衡玉山房’，也并不见得有什么雅，你们不妨把‘衡玉’两个字拆开来看看。”

那几位朋友听了徐文长的话，想了想，把“衡玉”两字拆开来，原来就是“鱼行主”三个字。再把上面的意思连贯起来，就成为“蜡烛头，鱼行主”。大家会意，都笑痛了肚皮。

## 妙趣横生

### ·冯玉祥妙解“卧薪尝胆”·

军事家、爱国将领冯玉祥将军，曾经对夫人说：“现在的人不懂得‘尝胆’，但懂得‘卧薪’。所谓卧薪，那就是‘睡在床上而领取薪金’。”冯玉祥将军此话是在讥讽那些不想付出艰苦的劳动，只求不劳而获的庸碌之辈。

# 纪晓岚嘲讽庸医

封建社会时期，老百姓生活水平低下，生病后常被庸医耽误。清朝大才子纪晓岚曾为庸医所累，所以非常痛恨他们。

有个庸医想求纪晓岚写匾来装点门面，又怕讨个没趣，便托人去求。纪晓岚一听是为这个庸医题匾，不假思索，便写下他早想过的三个字：明远堂。

来人十分惊讶，问道：“你不是最恨不高明的医生吗？为何用这样褒奖的词语呢？”

纪晓岚回答说：“《论语》里有这样的话，‘不行焉，可谓明也已矣；不行焉，可谓远也已矣！’我说他‘明远’，是说他‘不行’，医术不通，再骗人也无法得逞啊！”

来人又问：“他说不定还当好话读呢！不过，他万一再求你写副对联，那可怎么办？”

纪晓岚说道：“那有什么？我早想好了，想要，不妨一起拿走。”说完，顺手写了副对联：

不明才主弃；多故病人疏。

来人一看，深深佩服这位诙趣大师的文思。原来，唐朝孟浩然有两句诗：“不才明主弃，多病故人疏。”意思是说没有才学不被明主重用，因为多病致使

朋友疏远。纪晓岚把字的位置稍加变化，意思也变了：医术不高明，被才（财）主抛到一边；因医疗事故多把人给治死了，病人自然疏远不敢登门求医了。

## 妙趣横生

### ·贯休拒改诗句·

传说五代时的名僧贯休，去见统治吴越十四州的吴越王，并献诗云：

满堂花醉三千客，一剑霜寒十四州。

吴越王让人传话给贯休："把诗中的'十四州'改成'四十州'，才能接见。"

贯休也让人回话说："等他的领地扩大到四十州以后，我才改诗。"贯休不放弃做人写诗的原则，吟诗回敬吴越王："不羡荣华不惧威，添州改字总难依。闲云野鹤无常住，何处江天不可飞？"吟罢，掉转马头，离开吴越，到四川去了。

# 林则徐改联

林则徐的女婿沈葆（bǎo）桢是道光年间进士，颇有才华，做过监察御史、知府等职。后来加入湘军幕府，做了江西巡抚。由于他年轻有为，仕途顺利，因此恃（shì）才傲物，目中无人。他曾写过一副咏月对联：

一钩已足明天下；何必清辉满十分。

对联的意思是，一勾弯月已足以照亮大地，不必再需要明月满辉。后来，林

则徐见到了这副对联，就将下联中的“必”改为“况”，成为：

一钩已足明天下；何况清辉满十分。

只改一字，更有深意，将一种自高自大的口吻转变成了凌云壮志。沈葆桢明白了岳父的苦心，心中十分愧疚，立誓痛改前非，谦虚谨慎，最终成就了一番事业。

## 妙趣横生

唐代将领高骈（pián）镇守成都时，与他的酒佐薛（xuē）某创制了一个新酒令，要求先说一字，再说一句话描述这个字形，还需合辙押韵。

高骈先开口说：“口，有似无梁斗。”

薛某接着说：“川，有似三条椽（chuán）。”

高骈打趣道：“你这三条椽怎么有一条弯的？”

薛某诙谐地说：“将军是四川节度使，这样富贵还使用一个没梁的斗，我一个穷酒佐，三条椽子中有一条弯一点儿的，有什么奇怪呢？”

# 巧说“水”字

从前，某地一个镇子上有几家酒店，无一例外地卖酒掺水。怕卖不完，就当天掺水当天卖光。

有个喝酒的人，天没亮就去了一家酒店。客人来得突然，伙计不好当人的面掺水，就吟了一句诗问掌柜：

未入蓝溪欲奈何？

蓝溪是当地的主要河流，代表“水”，是问：我还没掺水怎么办？

掌柜回了句诗：

适逢壬（rén）癸（guǐ）已调和。

根据天干与五行“甲乙木、丙丁火、戊己土、庚（gēng）辛金、壬癸水”的关系，这句诗表示掌柜已把水掺好了。

这个客人知识面很广，听了头两句，便知道酒店里的名堂，气愤地说：

有钱不买千山万。

句中隐去了“水”字。谁知掌柜的脸皮也厚，接了一句：

别处青山绿更多。

也隐去了个“水”字，意思是说别的店比我们掺水还多。

客人听后，只好无可奈何地走了。

## 妙趣横生

·戒烟·

黄遵宪是清末著名诗人，年少时就聪颖过人。

一天，他的祖父躺在床上吸鸦片。祖父吐了一口烟后，得意地吟道：“龙呵气而成云。”

本来，黄遵宪就非常痛恨祖父吸食鸦片，如今还吟诗作对，这让他更加反感。他思索了一会儿，高声对道：“蚕吐丝以自缚。”

祖父听了，感到十分惭愧，便下狠心将烟戒了。

# 南人北相

清朝乾隆五十三年（公元1788年），工部衙门被大火烧光，工部尚书金士松亲自监工，督造新的工部衙门。

一天，群臣议事过后，大家在一起闲聊。一位说："这工部，所主皆水利工程之事，不妨称为水部。"另一位说："其实早有人称水部了。有趣的是，水可以灭火，而这次，却是大火烧掉了水部。"

大才子纪晓岚说："我这里有个出句，请各位大人对：水部火灾，金司空大兴土木。"他缓缓说出后，众人谁也对不上。

司空，本来是汉代官制，与司徒、司马合称"三公"，清代常称工部尚书为司空。因此，出句所说的全是实事，对句也不能虚构。

正巧，进来一位内阁中书。此人是南方人，但是长得身高体壮，因此常说自己是“南人北相”。纪晓岚一击掌，说道：“有了”，走到中书面前，拍拍他的肩膀，“正在对句，只好借你一用，请不要在意。”于是，他吟出了下联：

南人北相，中书令什么东西。

以“南北中东西”对上联的“水火金土木”，真是天造地设的妙对。

## 妙趣横生

·从爱国者到汉奸·

汪精卫早年作为革命党参加同盟会，1910 年因谋刺摄政王载沣（fēng）而被捕，曾经在狱中写有：

慷慨歌燕市，从容作楚囚。

引刀成一快，不负少年头。

后来，汪精卫堕落成为汉奸、卖国贼，有人在报上发表了一首《改汪精卫诗》，如下：

当年慷慨歌燕市，曾羡从容作楚囚。

恨未引刀成一快，终惭不负少年头。

这首诗改得十分巧妙，每句开头各加了两个字，彻底撕去了汪精卫汉奸、卖国贼的画皮，使之丑态毕露。